# VÉRITÉ

SUR

# LA RÉPUBLIQUE

Ce qu'elle est, ce qu'elle devrait être et ce qu'elle deviendra.

*Quid sit futurum cras*, stude *quærere*.

ANGERS,
IMPRIMERIE DE COSNIER ET LACHÈSE.

1848

# VÉRITÉ

SUR

# LA RÉPUBLIQUE:

## CE QU'ELLE EST,

## CE QU'ELLE DEVRAIT ÊTRE

## ET CE QU'ELLE DEVIENDRA.

Quid sit futurum cras, *stude* quærere.

**ANGERS,**
IMPRIMERIE DE COSNIER ET LACHÈSE,
RUE CHAUSSÉE SAINT-PIERRE, 13.

1848.

Au passé bien souvent succèdent les regrets;
Le présent trop réel nous dicte ses décrets ;
Mais dans l'avenir gît toute notre espérance :
C'est là seul qu'est la vie, ayons donc confiance.

# VÉRITÉ

# SUR LA RÉPUBLIQUE

ET SUR

# LE MANUEL DES DROITS ET DES DEVOIRS DU CITOYEN.

Critiquer la République en elle-même n'est pas ici mon but; blâmer les formes sous lesquelles on a voulu l'établir serait un chapitre trop long pour ne pas laisser au temps le soin d'en faire justice, et je me bornerai à rire tout à l'aise de l'espèce de catéchisme qui m'est tombé sous la main, que la plume d'un sage n'a jamais pu tracer et qui me semble de nature à fausser le jugement du peuple et à nous jeter dans des idées retrogrades à celles de notre civilisation actuelle.

Ce que j'écris ici je le dirais sur la place publique, je le dirais au milieu des clubs les plus démocratiques et aux plus exaltés républicains qui, peut-être les premiers, pourquoi non? me porteraient en triomphe parce qu'il y a du bon sens partout et partout de l'amour du bien, quand on sait en développer le germe. Le peuple est ce qu'on le fait; la vérité ne le choquera jamais, si on la lui présente convenablement; et bien coupable est celui qui le lance dans une fausse voie, quand il ne demande qu'à être éclairé pour y voir.

Le peuple est exalté, mais il est généreux;
Sachez le raisonner, il redeviendra calme :
A vaincre par le cœur, est-il plus noble palme,
Quand on ne le combat que pour le rendre heureux?

# LA VÉRITE (*).

1° Du jour où *le peuple gouverne*, cela n'est plus à proprement parler une République : c'est une anarchie, dès lors que le peuple est souverain et qu'il ne reste plus de lois à le régir : c'est donc de l'anarchie qu'on nous menaçait en proclamant la souveraineté du peuple, quoique dans le but unique de le flatter pour ne pas le laisser se douter d'où partait le pouvoir. Si ce sont les élus du peuple qui gouvernent, ce ne doivent point être les élus des ouvriers de ville seulement, mais ceux de toutes les industries, mais ceux des cultivateurs qui sont les premières causes de richesse pour la France ; et cependant c'est Paris seul qui,

(*) Pour me comprendre et me suivre, il est indispensable d'avoir sous les yeux la brochure que j'essaie de paraphraser ici.

dans la crise actuelle, a fait le choix de nos gouverneurs qui jusqu'ici, nous le savons, ont agi en dictateurs et n'ont pas laissé percer dans leurs décrets la moindre forme républicaine. Aujourd'hui que l'Assemblée nationale est constituée, ce n'est plus la République seulement qu'on veut lui faire reconnaître, c'est la République *démocratique* ou mieux encore *démagogique*, c'est-à-dire le pouvoir de la dernière classe, ce qui exclut le mot de République, puisque toutes, dès lors, ne seraient point admises également à faire valoir leurs droits. C'est vouloir de la queue composer la tête, ce qui n'est pas de nature à rétablir la confiance dans les affaires, ou, disons mieux, c'est vouloir fonder une autre branche d'aristocratie qui ne sera pas sortie de la plus noble souche de la société, mais qui n'en aura pas moins son ambition, ses caprices et ses passions à satisfaire, et qui bientôt oubliera l'artisan dont elle se sera séparée, après lui avoir promis ce qu'elle savait bien ne pouvoir lui donner. Voilà la République d'aujourd'hui, voilà la seule qui peut exister en France à notre époque, et qui n'aura jamais rien d'une vraie République.

2° Par le mot peuple on doit entendre bien réellement *l'ensemble de tous les citoyens nés ou naturalisés dans le pays.*

Pourquoi donc a-t-on cherché, par les proclamations et tous les moyens imaginables, à faire croire à la classe ouvrière qu'à elle seule s'appliquait cette qualification, et que c'était elle seule, dès lors, qui était appelée à la souveraineté ? C'est qu'il y a eu de la part de ceux qui ont voulu exploiter la Nation une fausseté bien coupable, lorsqu'ils n'avaient pour but que leur intérêt personnel et voulaient s'appuyer sur la force de baïonnettes qu'ils savaient devoir les défendre aveuglément.

3° S'il y a *des lois et des magistrats* à régir le peuple et le gouverner, celui-ci, dès lors, cesse d'être souverain, et c'est-là précisément qu'on l'abuse lorsque tout vient de l'arbitraire ou du despotisme de quelques individus qu'il a choisis ou cru choisir, et qui, loin d'être plus intègres que ceux d'un autre gouvernement, sont souvent même plus dangereux parce qu'ils ont moins étudié la nature et le caractère des hommes et ont plus à désirer, s'ils sont sortis d'une classe plus inférieure. Cette partie de sa souveraineté, que *délègue* le peuple, n'est donc qu'un vain mot lorsque tout se fera en-dehors de lui et souvent même contre son gré ou sa manière de voir. S'il a, d'ailleurs, donné sa voix aux chefs du pouvoir, l'a-t-il donnée aux subalternes qui n'agissent pas moins de leur plaine autorité et ne sont que les créatures de ces derniers? Tout ici reste donc illusoire.

4° Pour *qu'une République soit bonne,* il est indispensable que les citoyens qui sont appelés à l'administrer n'aient aucune ambition pour eux-mêmes et ne soient mus que par le désir du bien public : ce qui est d'autant plus difficile à notre époque que la cupidité est le premier mobile de l'homme et l'égoïsme le sentiment le plus ordinaire. Pour qu'une République *soit bonne,* il faut qu'elle soit l'aveu de tous, ce qui n'est guère possible dans une nation aussi grande que la France, et ce qui surtout n'a point eu lieu pour celle actuelle, puisque ce n'est qu'une faible minorité qui l'a demandée et quelques individus seulement qui l'ont imposée. Pour qu'une République *soit bonne*, il faut qu'elle concoure au plus grand bien de tous : et c'est précisément le contraire que nous voyons dans la nôtre, qui a désorganisé toutes les classes, déterminé une crise financière dont nous ne nous relèverons de longtemps, et perdu le riche comme le pauvre auquel bientôt manquera avec le travail le pain de chaque jour. Pour que la République soit *dans les vues de la Providence*, il faut qu'elle soit honnête, digne et morale ; Dieu sait si celle du 24 février offre rien de tout cela : jusqu'ici elle a été plus qu'avilissante, et son éloge se trouve tout entier dans cette vérité : *Qu'il n'est nul besoin de demander à tout mauvais sujet s'il est républicain* : vous le savez à l'avance, comme aussi vous lisez ce titre en entier sur toute ignoble figure ; de là ces factieux à redouter, ces hommes aux bras nus et sanglants qui ne reculeraient devant aucune horreur et qui se croient tout permis parce qu'ils regardent leur règne comme arrivé. Pour que la République pût se maintenir, il lui eût fallu tout autres bases : la France est aujourd'hui ruinée par elle; avec son nom la confiance et le crédit ne renaîtront pas, et nous tomberons infailliblement dans la dernière misère.

5° Les mots de *Liberté, Égalité* et *Fraternité*, sublimes en eux-mêmes, sont plus que jamais profanés par le gouvernement qui se les approprie.

6° La *Liberté* politique n'est en rien plus grande que celle d'autrefois, et nous avons déjà vu si même elle n'est pas beaucoup moindre par suite du pouvoir absolu des commissaires de la République et de leur influence sur les élections.

La *Liberté* civile n'a pas changé : à moins qu'on ne veuille comprendre par ce mot la licence, interprétation vers laquelle certaine classe aura malheureusement toujours trop de tendance.

7° L'*Égalité* est un mot illusoire par lequel on a voulu exercer de l'influence sur les masses : car après l'égalité de sentiments comme frères, où est celle qui puisse exister entre les hommes à moins d'une subversion complète de l'ordre social, et comment alors au mot de République joindre celui de *démocratique*, qui semble privilégier une classe plutôt qu'une autre?

La *Fraternité* et la République actuelle n'ont rien de bien commun ensemble : cette dernière l'a prouvé en révoquant tout ce qu'il y avait d'employés et d'administrateurs sous le règne précédent; et qu'y a-t-il eu de fraternel dans le gouvernement qui publie des manifestes semblables à ceux sortis du ministère de l'intérieur du 24 février? Qu'y a-t-il de fraternel encore sous un régime où il n'y a plus de sécurité pour le riche ni de respect pour la religion ou l'habit ecclésiastique (*)? et cependant, à ce mot de fraternité qu'on profane, on ne craint pas d'y joindre le nom de l'Être suprême. C'est que dans la République d'aujourd'hui tout est en mots ou en écrits et rien au fond du cœur.

(*) J'aurais bien des faits à citer.

9° *Le patriotisme* que constituent l'amour et le dévouement pour son pays gît aussi dans les bonnes relations à conserver avec les nations étrangères, autant toutefois que l'amour-propre national n'a point à en souffrir. Or, le patriotisme du gouvernement actuel pourrait bien encore être en défaut de ce côté en nous suscitant des guerres qui enlèveraient des enfants à la patrie, des bras à l'agriculture, et nécessiteraient une nouvelle surcharge d'impôts sur les citoyens.

10° *La République ne combattra pas de front la religion;* mais celle-ci, pour cela, en sera-t-elle mieux respectée, quand déjà ses ministres deviennent l'objet d'insultes publiques et quand les principes de morale sont les derniers qu'on inculque à la jeunesse.

11° Le gouvernement républicain ne veut *ni la communauté ni le partage des biens;* mais il y arrive indirectement en grévant les propriétaires à tel point qu'il ne leur sera plus possible de vivre, vu les charges qu'ils avaient déjà à supporter auparavant;

et si quelques-uns, grâce à leur grande fortune, peuvent tenir encore, ils seront obligés tous de réduire leur personnel et de suspendre une partie des travaux qu'ils faisaient faire ; d'où naîtra nécessairement une nouvelle misère pour la classe ouvrière.

12° La République pourra-t-elle jamais, autant qu'un autre gouvernement, protéger *les liens de famille,* lorsque les idées d'indépendance dans lesquelles on élève la jeunesse rendront toujours les enfants peu respectueux pour leurs pères et mères, et lorsque d'un autre côté l'ambition ou l'amour effréné de la liberté, qui n'est autre que celui de la licence, a presque toujours dans les républiques armé frères contre frères et parents contre parents ?

13° Ne nous promettons pas plus de la République pour *l'instruction* que sous les derniers règnes, où déjà elle avait été poussée bien assez loin d'ailleurs et peut-être même beaucoup trop, si nous raisonnons les choses tant soit peu philosophiquement. Après l'éducation première, qui est celle basée sur les principes de morale et sur la connaissance des devoirs de l'homme envers Dieu et ses semblables, à quoi servent des études au delà de la sphère que chacun a à parcourir dans la société, si ce n'est à le rendre malheureux, à lui faire regarder comme abjecte et indigne de lui la position où il se trouve, à susciter son ambition et fomenter ainsi des troubles dans l'État, tout en faisant déserter nos campagnes, de l'agriculteur qui quitte la charrue du moment qu'il se sent quelques connaissances ou la plus légère instruction?

14° Jusqu'ici la République n'a point encore fait couler le sang des enfants de la patrie, mais elle en a fait une levée assez grande pour laisser entrevoir quelle sera plus tard leur destination.

15° La République doit diminuer les *impôts* : le pourra-t-elle, vu le plus grand nombre de citoyens qu'elle va être obligée de mettre sous les armes et les engagements qu'elle a pris vis-à-vis une classe d'ouvriers qu'on ne contiendra plus qu'avec de l'argent et qu'il faudra continuer de salarier lors même qu'ils ne feront plus rien? Nous avons déjà trop vu combien nos contributions ont été augmentées depuis le 24 février, et augmentées à tel point que la propriété va tomber de plus en plus en défaveur, et l'agriculture, qui fait toute la richesse de la France, se trouver entièrement délaissée : de là encore nouvelle source de misère.

16° La République a promis *du travail à tous les ouvriers* : elle leur en a donné tout d'abord avec l'argent des contribuables ; mais elle le leur a ôté dans le fond, parce que (nous l'avons déjà vu), il lui était impossible de défrayer longtemps les ateliers nationaux, et parce qu'au sortir de là ces malheureux ne trouvent plus à s'employer nulle part. Comment le pourraient-ils, lorsque tous les chantiers sont fermés et les travaux de tous genres suspendus par suite de la crise financière, de la ruine complète du commerce comme des manufactures, et de la gêne des riches ou des propriétaires, gêne telle que non-seulement ils ne peuvent plus rien faire faire, mais qu'ils se voient réduits même à renvoyer une partie de leurs domestiques qui, se joignant aux ouvriers sans ouvrage, viendront encore ajouter à la détresse générale?

17° Au lieu de promettre aux ouvriers *plus qu'elle ne pouvait leur accorder*, ce qui leur faisait à tous demander un surcroît de prix, la République, si elle eût été prévoyante, aurait dû au contraire leur faire sentir qu'ils devaient se réduire au strict nécessaire dans un moment de crise, où, par suite de la suspension des affaires, tout le monde se trouve dans une égale misère, le laboureur ne pouvant vendre ses denrées, le propriétaire se faire payer dès lors, ni le négociant trouver l'écoulement de ses marchandises. L'augmentation du salaire de l'artisan devait donc être amenée plus tard et d'une manière facile sans nuire au reste de la société; mais le gouvernement provisoire a voulu se l'assurer tout d'abord comme soutien nécessaire, en l'abusant d'une manière bien coupable, et cela en compromettant en outre l'avenir et la tranquillité de la nation toute entière.

18° L'institution de la *garde nationale*

est fort bonne sans doute, mais il a fallu un gouvernement comme celui du 24 février qui redoutait l'armée, pour faire reposer presque tout le service militaire sur des citoyens peu habitués au maniement des armes, qui, de la sorte, se trouvent toujours dérangés de leurs occupations, cela à grand préjudice pour eux, et qui, je suis fâché de le dire, feront toujours de bien tristes soldats. Défendre leurs foyers et maintenir l'ordre de la cité, voilà où devaient s'arrêter les fonctions des gardes nationaux.

19° L'appel fait à tous les citoyens pour *les élections des députés* paraît tout d'abord émaner du principe des droits de l'homme; mais, dans une nation aussi grande que la France et d'après le mode qu'on a suivi, cette généralité du vote n'est qu'une véritable tactique gouvernementale, dès lors que la moitié des électeurs et peut-être les trois-quarts dans les campagnes et dans l'armée ne connaissent aucun des candidats présentés et sont de la sorte faciles à influencer. N'est-ce pas en effet ce que nous avons vu pour la nomination de nos représentants, quand des centaines de milliers de bulletins ont été substitués à ceux qu'on déchirait comme mauvais dans les mains mêmes des individus qui en étaient porteurs?

20° Pourquoi donc devrait-il en coûter *de se rallier à la République*, si elle pouvait convenir à la nation et faire le bonheur de tous les Français? Est-ce donc au chef du pouvoir qu'on doit tenir ou à la manière dont le pouvoir est appliqué? mais aussi pourquoi s'éprendre d'un bel amour pour des gens qui ont trop montré le but tout personnel qu'ils s'étaient proposé en s'emparant des rênes du gouvernement, et pourquoi tant d'enthousiasme pour ce qui n'a véritablement été que l'œuvre de despotes et de brouillons?

J'en demande pardon à celui qui a fait le catéchisme des droits et des devoirs du citoyen, catéchisme que j'ai cherché à suivre pas à pas, mais que j'aurais bien plus admiré si j'y eusse reconnu la plume du sage qui veut étudier avant de porter des oracles, et qui, après avoir donné des conseils sur la ligne de modération à suivre dans des moments de crise ou de révolution, se borne à faire des souhaits pour le maintien de l'ordre et le bonheur public, laissant aux enfants, aux fous ou aux planteurs de ces arbres plus ou moins symboliques de la liberté, le soin de crier des *vivat*, de quelque nature qu'ils soient et à quelque parti qu'ils s'adressent.

Cent fois *vive l'enfant* redit la populace,
Cortége accoutumé du jeune baptisé;
Les gros sous de voler aussitôt sur la place,
Ou bien le parrain d'être anathématisé.
Sous une République il faut donc pardonner,
Si du gouvernement le zélé commissaire,
Pour ce fort bien payé, croit devoir terminer
Chacun de ses discours par refrain ordinaire;
Mais qu'un citoyen libre et maître de ses actes,
Vienne crier bien haut qu'il est *républicain*,
Fût-il ou non sorti du rang des démocrates,
Cela n'est pas d'un sage, ou je n'y connais rien :
De lui je me défie, et je plains le cerveau
De l'homme que travaille ou la peur ou l'intrigue,
Et qui, suivant le temps, s'il fait mauvais ou beau,
Tantôt pour le roi chante et tantôt pour la ligue.

# Ce qui peut constituer une bonne République.

*

Tout gouvernement doit avoir pour bases premières la dignité, la justice et l'amour du pays. C'est de là que doivent émaner tous ses actes, et c'est là où se rattachent toutes les idées d'ordre et de puissance qui doivent régir les grandes nations, au rang desquelles notre belle France a toujours été appelée à figurer.

Pour arriver à ces trois conditions d'existence, il est indispensable que le pouvoir soit déféré à un seul individu qui, sous une République, en sera le président et n'en constituera pas moins dès lors une sorte de monarchie constitutionnelle, à cela près de l'hérédité dans laquelle on a vu une atteinte aux droits de l'homme, mais qui offrait l'avantage de continuer le gouvernement à celui qui en avait l'habitude et d'éviter les secousses fâcheuses qui suivent toujours les nouvelles nominations. Toute administration ne fait que perdre à changer constamment de maître ; mais enfin nous sommes en république. Par suite de la versatilité de l'esprit humain qui voit toujours en beau ce qui est nouveau, on ne veut plus, pour le moment du moins, de tout ce qui se rattache au nom de roi (nous ne jouons que sur les mots), quoiqu'avec le pouvoir législatif ou les représentants de la nation, l'on eût tout aussi bien pu faire ce que nous nous proposons aujourd'hui. Raisonnons donc sur ce que nous sommes convenus d'appeler République, et laissons de côté les tiraillements de tous genres qui suivent indubitablement soit le partage du pouvoir par un directoire, soit les factions qui s'attachent à telle ou telle présidence, comme celles qui surgiraient pour nommer d'époque à époque tel ou tel chef à la tête d'un ateliur qui ne serait jamais si bien conduit que par un directeur habituel. N'importe, nous voulons faire un essai, puisque la raison ne nous a pas encore laissé entrevoir l'avenir; marchons puisque nous sommes lancés; mais gardons-nous de trop louvoyer, car l'écueil n'est pas loin et nous y échouerions infailliblement.

Pour être inviolable, il faut qu'une république satisfasse d'abord toutes les classes; c'est de là qu'en émane la justice et qu'en ressort toute la force; car c'est de l'enchaînement de toutes les classes que naît la société. La République ne peut donc se former sans que la nation toute entière ait été consultée, ce qui chez nous est fort difficile assurément et ce qui la rend dès lors bien moins applicable que dans la seule enceinte d'une cité ou dans un petit état.

La République doit pourvoir à ce que les besoins de tous soient satisfaits, et elle ne pourra faire que du mal et préparer sa ruine si elle veut s'appuyer sur une fraction isolée de la population en la protégeant aux dépens de tels ou tels, lorsque par un calcul tout différent l'on pourrait arriver à les favoriser également les unes et les autres.

Pour que la liberté soit la première devise de la République, il faut que celle-ci n'ait rien d'absolu ou de despotique dans ses décrets, et que tous les citoyens soient amenés à suivre ses ordonnances par amour de l'ordre et du bien public.

Si l'égalité et la fraternité doivent régner dans l'âme de tous les citoyens, la République, elle, doit se montrer paternelle par ses institutions, par ses vues philanthropiques et ses maximes toutes de tendance morale et propres à améliorer les masses.

Le gouvernement de la République ne doit pas avoir de privilége pour ses créatures : tous les citoyens doivent être appelés indistinctement à remplir toutes les fonctions administratives, suivant qu'ils pourront y apporter l'aptitude voulue. Les révocations dès lors ne doivent avoir lieu que dans un but d'intérêt général ; et, du moment où pour opinion la République est obligée de changer tous les fonctionnaires, elle a déjà perdu sa principale prérogative, celle d'être le résultat du vote unanime de la nation, et n'offre plus alors que l'expression d'une simple faction. Pour occuper aussi le plus de citoyens possible, elle doit, loin de diminuer le nombre des places, les multiplier au contraire en réduisant toutefois les trop forts appointements et supprimant tous cumuls.

Pour arriver à une bonne organisation sociale et à une juste répartition d'impôts, il faut que la République sache peser l'avoir et les charges de chacun ; mais il faut aussi qu'elle se garde surtout d'aller, pour soulager l'un, enlever à l'autre tous les moyens d'occuper une de ces sphéres d'activité qui assurent le travail à l'artisan, vivifient l'industrie et forment l'âme de la société.

La République doit se maintenir sur un bon pied de guerre pour repousser toute agression étrangère; mais elle cessera d'être la loi du droit naturel et l'expression du vœu de la nation du moment où, pour se soutenir, elle sera obligée de sacrifier à ses armées la plus grande partie de ses revenus et d'enlever de ses foyers toute l'élite de la jeunesse.

En un mot, le gouvernement républicain sera aimé et en honneur quand il aura pour premières bases la moralité et la philanthropie, quand la confiance se montrera dans les affaires, quand les transactions commerciales auront un vaste cours et quand chaque citoyen pourra mettre ses capitaux à fructifier et en retirer de justes intérêts. Jusque-là rien de l'âge d'or dans notre République : tout reste à l'état de fiction; heureux si l'on sait ce que l'on est et si même l'on ne voudrait pas n'être plus rien du tout.

S'il faut d'abord en toute administration
De zélés serviteurs dévoués à leur maître,
Ce dernier doit aussi consacrer tout son être
A les enorgueillir de leur position;
De cet accord parfait et de cette harmonie
Découlent la richesse et la prospérité;
Si dans ce monde il est quelque félicité,
Ne la cherchez ailleurs que dans la sympathie.
Ainsi qu'en toute usine ou dans tout atelier
Auxquels, j'ose le dire, en tous points il ressemble,

Pour un gouvernement il faut donc de l'ensemble
Entre le premier chef et le simple ouvrier :
Les besoins de chacun se trouvent enlacés;
Quand le pauvre et le riche ont des droits à défendre,
C'est un devoir sacré de tous deux les entendre
Pour ceux-là qui par eux au pouvoir sont placés.
Uniquement dicté par des lois paternelles,
A la force soumis bien moins qu'au sentiment,
L'ordre donné doit seul, ainsi qu'un talisman,
Entraîner les sujets même les plus rebelles.
L'enfant chérit le père auquel il doit le jour,
De sa douce morale il suce la sagesse;
Mais le père bien mieux toujours dans sa tendresse
Entourera ce fils de plus en plus d'amour.
Tel doit être celui qui régit ou gouverne :
A chaque citoyen il doit prêter appui,
Alléger les impôts, sans trop songer à lui,
Ou bien son régne impur n'est qu'une baliverne.
Confiance obéit lorsque justice veut;
L'État n'est autrement qu'une simple famille :
Si chacun y commande ou si chacun y pille,
Bientôt la maison croule, alors sauve qui peut.

# Ce qu'est la République actuelle.

Enfant bâtard du 24 février, la République, créée s'en sans douter par des individus rien moins que républicains, a su conserver son nom au milieu des actes les plus arbitraires et les plus despotiques de la part des auteurs de ses jours, qui ont eu l'adresse de persuader à la nation qu'elle avait été pour quelque chose dans ce qui n'était que leur seul et propre fait. Aujourd'hui l'usurpation est consacrée, et nos représentants, chose vraiment inouïe, s'applaudissent d'avoir trouvé toute leur besogne faite par des gens qui seraient bien moins dignes, s'ils avaient été moins ambitieux et de plus haute moralité, des gens qui *ont bien mérité de la patrie*, parce que le succés a couronné leur œuvre, mais qui ne seraient pas moins coupables que les factieux du 15 mai s'ils eussent échoué comme eux. Singularité de l'esprit humain! O grands hommes, que devenez-vous?

Quoiqu'heureuse la France vivait misérable; florissant cependant, le commerce n'allait plus assez bien; malgré le plus large crédit, nos finances étaient en souffrance; l'ouvrier gagnait trop peu; l'agriculture ne produisait point assez; la justice se rendait mal; il n'y avait plus d'avancement dans l'armée; nous nous engourdissions dans le calme de la paix; les charges devenaient vénales et le trésor public était épuisé, quelqu'élevé néanmoins que fût le cours de la bourse.

Il fallait apporter un remède énergique à tant de maux. Au nom donc de la fraternité républicaine on a dû d'abord déplacer tout le monde; changer tous les administrateurs pour en substituer d'autres non moins rétribués; rabaisser, pour s'élever, tout ce qu'il pouvait y avoir de noble dans les sentiments et le caractère; abolir, faute de parchemins, tous les titres de famille; perdre l'agriculture en lui enlevant tous les bras par les promesses faites à l'ouvrier des villes; compromettre l'avenir de ce dernier en le lançant dans une fausse voie et anéantissant tous genres de travaux et d'industrie; se jouer de son existence en provoquant des guerres et faisant du service de la garde nationale un véritable métier pour le citoyen paisible, qui maintenant doit se faire soldat et passer sa vie sous les armes, au détriment de ses occupations ordinaires et de la félicité de son intérieur. Toujours au nom de cette fraternité l'on a dû bannir du ciel qui les a vu naître, bannir du sol où reposent les cendres de leurs ancêtres, des princes dont le seul crime est d'être nés d'un père jadis l'élu de la nation, des princes, oh honte pour la France! dont nous nous sommes enorgueillis, dont nous avons célébré les exploits, et qui figurent dans les tableaux de nos musées, à la tête de notre marine et de nos armées victorieuses; jeunes gens pleins de vertus et de patriotisme, qui ont préféré sacrifier leur avenir au repos de leur patrie à laquelle ils adressaient un éternel adieu, quand ils pouvaient, sûrs de l'appui d'une population qui sympathisait avec eux, venir disputer le pouvoir à ceux qui le leur avaient usurpé, et dont les mains trop neuves et trop tremblantes encore du crime qu'ils avaient commis, l'eussent bientôt laissé échapper. Au nom de l'égalité on a dû perdre le crédit, faire tomber les finances et ruiner la France entière et le contribuable par une surcharge d'impôts, tels qu'on ne peut plus les payer. Au nom de la liberté, renverser les premières bases de la justice en abolissant l'inamovabilité du magistrat, et remettant sa balance à celui qui dépend du pouvoir et n'agit que sous son influence, et en supprimant, en outre, par l'abolition de ce qui gênait nos nouveaux parvenus, le seul moyen d'atteindre le frauduleux débiteur. C'est encore au même nom que nous avons vu imposer à la chambre le vote par division dans les questions les plus graves, pour agir par intimidation sur nos représentants, et que nous voyons aujourd'hui le pouvoir exécutif recourir contre les masses à des mesures cent fois plus énergiques que celles qu'on condamnait sous le dernier règne; enfin, c'est au nom de cette auguste liberté qu'un mot de profanation de votre bouche serait puni du stylet de celui dont la figure aux traits crispés vous dit suffisamment qu'il est un de ses nobles défenseurs.

Telle est la cause sainte de la République devant laquelle vous devez vous incliner, parce qu'un ami des Muses l'a trouvée toute poétique et un astronome toute céleste, sans parler de ce que le troisième, le quatrième et les autres ont pu voir, pour leur compte, de bienfaisant et lucratif en elle. Fille du ciel, sois donc la bienvenue : déjà par tes fêtes, espèces de saturnales, aux figures allégoriques, aux chars symboliques et dorés, aux chœurs de jeunes filles sous la robe virginale, tu nous as transportés dans un nouvel Eden; mais achève ton œuvre et hâte-toi de nous dégager de tout ce qu'il y a de matériel en nous, si tu ne veux que nous ne mourions de faim et de misère; car tu as oublié la corne d'abondance.

Diplomate éclairé, c'est à vous de nous dire
Comment qualifier notre gouvernement ?
Je m'y perds, je l'avoue, et je voudrais pourtant
Sur ce point quelque peu m'instruire.
Est-ce une République aux décrets populaires ?
D'abord vers ce régime on semblait incliner :
S'avilir ne fut rien, et l'on dut profaner
Tout ce qui venait de nos pères.
Cependant pour le peuple a-t-on fait quelque chose ?
A-t-il plus de travail ? est-il moins malheureux ?
En écrasant le riche, a-t-on comblé ses vœux ?
Du contraire où donc est la cause ?
Prendre le simple nom de pouvoir provisoire
Etait fort nécessaire afin de mieux cacher
Ce que nos rois nouveaux voulaient surtout chercher,
Fortune autant et plus que gloire.
Sans dégaîner l'épée usurper la couronne,
Commander tout à l'aise et porter des impôts,
Puis renflant le budget prendre les plus gros lots,
Plus qu'habile est, Dieu me pardonne.
Aujourd'hui que font-ils, de peur qu'on ne reprenne
Ce, qu'ayant goûté tous, ils ont trouvé fort bon ?
Leur devient-on suspect, sans la moindre façon

Ils vous font conduire à Vincenne (*).
Comment appeler ça? Quant à moi, je le dis,
Je ne vois aucun nom à donner à ce règne :
De parler vrai pourtant ce n'est pas que je craigne;
Mais ce n'est qu'un salmigondis.

(*) Témoin aurait été Louis Napoléon.

# Ce que deviendra la République.

Tout individu qui le premier prendrait le mousquet ou la lance, pour combattre ce qui nous a été imposé par des hommes qui n'ont voulu lire que dans leur propre avenir, serait coupable vis-à-vis de la nation, et assumerait sur sa tête une bien grande responsabilité. Toute faction peut provoquer une effusion de sang; et pour tout Français, verser le sang d'un Français est un crime qui révolte et fait reculer d'horreur. Souffrir est donc le seul parti qui nous reste; mais ayons confiance en d'autres jours : le malheur comme la félicité a son terme. Des erreurs naît souvent la lumière, et des plus grands abus surgissent les lois les plus sages. Plus nous sommes avilis, plus grande sera notre gloire. Les hommes se succèdent et ne se ressemblent pas. Les héros du 24 février feront place à des héros non de sabres et de baïonnettes, mais de sagesse et de philanthropie. La République s'est suicidée : vouloir l'attaquer serait l'œuvre d'un lâche, quand elle est expirante et n'a plus qu'un souffle de vie. C'était la cause du peuple qui devait l'engendrer ; elle a perdu la cause du peuple, et le peuple la maudira. Bien fausse financière, elle a tué la confiance et le crédit ; et avec elle la confiance et le crédit ne pourront plus exister ni renaître : de là la mort du malheureux et la misère du riche.

Que surviendra-t-il donc ? quel régime pourra lui succéder ? le prévoir serait difficile sans doute ; mais la force des choses sera toujours là. Par suite de pluies torrentielles un fleuve peut déborder sur ses rives, mais son cours naturel se rétablit toujours. Plus le désordre a été grand, plus le besoin de l'ordre se fait sentir; et après un gouvernement où la queue s'est trouvée inhabile à conduire la tête, celle-ci reprend naturellement sa place et s'étudie à diriger plus sagement sa compagne, qui en est la force et le soutien. C'est le pilote qui dirige la barque, et l'équipage qui exécute la manœuvre : on ne peut que louvoyer quand plusieurs mains tiennent le gouvernail. C'est, en un mot, le chef de famille qui veut le bonheur de ses enfants, trop jeunes pour se conduire eux-mêmes. La société est une famille : il lui faut des rangs pour qu'elle se soutienne : le pauvre soutient le riche; le riche protége le pauvre, sans quoi ce dernier n'est plus digne de sa position; et de cette harmonie naît un ensemble qui fait le bonheur des uns et des autres. Détruisez cet accord, tout est perdu : c'est la République actuelle, c'est-à-dire un nom vide de sens qu'on proclame sans le comprendre et qu'on oubliera sans le regretter.

Avec une *liberté* mieux entendue et plus libre, une *égalité* plus légale et moins vile, et une *fraternité* moins égoïste et plus fraternelle surtout, nous arriverons à un autre gouvernement, le seul qui puisse convenir à la France et au caractère national, c'est-à-dire à la monarchie. Tenir à telle ou telle dynastie serait un travers : il faut avant tout chercher l'homme convenable ; mais quoi qu'on puisse faire, il faudra toujours en venir à un président unique, ou pour mieux dire à un roi, tranchons le mot, parce que le mot ne fait de mal à personne ni ne me fera couper la tête, et parce que nous ne devons point en avoir horreur, si c'est un roi tel que je le conçois, avec une sage Constitution qui devienne pour nous un livre de morale, fournisse au riche le moyen de faire le bien, et à l'artisan celui de trouver du travail et d'acquérir de l'aisance. Dans notre système planétaire nous n'avons qu'un soleil : n'ayons non plus qu'un centre de mouvement politique, et la France redeviendra ce qu'elle a été dans ses plus beaux jours de prospérité.

*Vive l'ordre public* est le seul souhait que nous ayons à faire, et qui renferme aussi celui que nous devons former pour le gouvernement.

J'ai vu des trois couleurs fort bien empanaché
L'arbre républicain s'élever sur nos places :
*Je n'ai fait que passer*, il était desséché,
De notre liberté ne laissant plus de traces ;
Le vent a brisé sa racine
Trop faible pour tenir longtemps,
Quand un ver est là qui la mine,
Le ver rongeur des intrigants.
La République, hélas ! a trompé votre attente,
Vous donc, ses bons amis, prenez l'habit de deuil,
Car elle est expirante :
IL NE LUI FAUT PLUS QU'UN CERCUEIL.

J. HOSSARD.

Angers, 10 juin 1848.

# Ère nouvelle de la République.

---

## ODE

### SUR LES MARTYRS DE JUIN.

# POST-SCRIPTUM.

5 juillet 1848.

C'était au 10 juin que j'ensevelissais le gouvernement du 24 février, c'est-à-dire avant la dissolution d'un pouvoir qui n'avait enfanté que le mal, et avec lequel rien de bien ne pouvait exister. Une crise s'est opérée ; la République semble avoir repris quelque vie : moins dégoûtante, elle a secoué les haillons dont elle s'enveloppait ; la *démocratie* ne fait plus son unique devise et son front commence à se dégager du bonnet phrygien. Sans être jeune ni vierge, quand déjà caducque et trop vieille de quatre mois, elle veut enfin affecter un air noble, mais avec lequel cependant est bien loin encore de s'harmoniser le reste de son ajustement. Espérons de son meilleur goût; laissons-la achever sa toilette et préparons l'encens que nous aimerons à brûler sur ses autels, si elle est la déesse que nous cherchons, si son cœur est plein de patriotisme, ses mains pleines de richesses et si, surtout, elle sait répartir également ses faveurs.

Pour arriver à cette métamorphose inattendue, qu'a fait la République, ou tout au moins qu'a-t-elle préparé, grand Dieu! et quelles larmes n'aura-t-elle pas à sécher?

Le sang de nos frères a coulé; il a coulé par torrents, il a coulé dans nos rangs et dans les rangs d'insurgés français, tout sang dès lors également trop cher à la patrie pour que la tache n'en reste pas sur les pavés et les dalles qui l'ont reçu. Malgré l'admirable dévouement de nos gardes nationaux, célébrerons-nous notre victoire? aurons-nous encore de nouvelles journées à fêter? entonnerons-nous des hymnes de gloire, ou plutôt, à pareil anniversaire, ne tendrons-nous pas un crêpe sur toute la France, et n'irons-nous pas nous presser dans nos temples et nous prosterner devant l'Être suprême pour implorer sa miséricorde et le pardon des crimes où entraînent toujours les passions politiques?

Voilà donc ce qu'a engendré cette souveraineté proclamée pour le peuple; voilà tout ce qu'il a retiré de ces promesses emphatiques qui l'enflaient d'orgueil et d'espoir. Demandez à ce peuple aujourd'hui s'il est républicain : sa réponse sera la conséquence de ce qu'il a gagné à la révolution de Février. Procédez à de nouvelles élections, et vous verrez quels députés viendront à la chambre, si ce seront des députés toujours prêts à applaudir au pouvoir et à gratifier de ces grands mots de banalité, *qu'ils ont bien mérité de la patrie*, ceux-là mêmes qui l'ont compromise et ruinée, qui ont armé les bras d'hommes dangereux pour la société et mis dans leurs bouches des chants qui ne pouvaient que rappeler et reproduire nos jours de terreur et de guerre civile. Sur qui la patrie aura-t-elle à tirer vengeance? sur le malheureux qui se bat pour une cause qu'il ignore et dont il ne profiterait pas, ou sur celui qui agit dans l'ombre et aiguise le poignard qui doit frapper? Trop grande et trop généreuse pour sévir avec la rigueur du lâche, elle arrêtera les coups des uns par sa force et par la puissance de son raisonnement, et écrasera les autres du poids de son mépris et de l'indignation publique, ces derniers, moteurs désormais trop usés pour redonner un mouvement, et égoïstes trop bien connus pour se reformer un parti. Fantômes créés par l'orgueil, ils mourront tous, ces héros d'un jour, de la honte seule de l'oubli.

Cependant, qui donc tient tant encore à la forme actuelle de notre gouvernement, quelque vicieuse même pût-elle être? En doutez-vous, quand il ne reste plus à y trouver d'intérêt que ceux qui en possèdent les rênes et qui craignent de s'en dessaisir? car telle est la République d'aujourd'hui, c'est-à-dire un pouvoir absolu, peut-être même à cette heure plus absolu que jamais : tout gît ici dans les mots, et du moment où vous êtes obligés de combattre, pour la soumettre, une fraction nombreuse de la population, ce n'est plus le gouvernement de tous, et la République n'existe plus.

N'importe, le mal est fait ; la leçon a été forte : sachons en profiter ; et si notre sang est à la patrie, n'ayons plus à le verser que contre les ennemis de la France qui n'en sont pas les fils ; et par nos vues de bienfaisance et de conciliation ramenons vers l'ordre nos frères égarés, pour verser des larmes avec eux sur l'immense tombe où reposent les victimes des fatales journées.

---

## ODE

### SUR LES MARTYRS DE JUIN.

Qui jetera des fleurs
Sur la tombe mortelle
De ces nobles vainqueurs
Qu'une lutte cruelle
A ravi de nos rangs,
Lorsque, pour la patrie,
Ils exposaient leur vie
Sous un feu de brigands ?

Qui séchera les larmes
D'épouses tout en deuil
Ne goûtant plus de charmes
Que près d'un froid cercueil ?
Et qui de la couronne,
Qu'un père en expirant
A son fils abandonne,
Ceindra le front naissant?

Où donc est ce poète
Aux chants harmonieux,
Dont la lyre, interprète
Des sentiments des dieux,
Faisait vibrer notre âme
Par ses accords puissants,
Quand la céleste flamme
Inondait tous nos sens ?

Sa Muse s'est éteinte
Au souffle des grandeurs,
D'un vain orgueil atteinte
Elle a perdu les cœurs.
Et poètes et rois
Ont même destinée :
Triste est pour eux parfois
Le soir de la journée.

Lamartine n'est plus ;
Il n'en reste que l'ombre,
Mais une ombre bien sombre
Après tant de vertus ;

Sur les marches d'un trône
Il s'est brisé le front;
En touchant la couronne
Il a sali son nom.

Lui seul pouvait chanter la gloire
De nos admirables guerriers,
Lui seul, en jetant des lauriers,
Pouvait célébrer leur victoire;
Mais sa main les eût profanés,
Quand elle a prodigué les armes
A ceux mêmes qu'en temps d'alarmes
On devait tenir enchaînés.

La France s'émeut toute entière;
Chacun veut disputer l'honneur
D'aller s'offrir en défenseur,
Comme un fils ferait pour sa mère :
La patrie est tout au Français;
Mourir n'est rien quand s'agit d'elle;
Pour cueillir la palme immortelle
Saurait-il reculer jamais?

Toutefois, comment ne pas dire
Tous les prodiges de valeur
Que quatre longs jours de douleur
Sur nos fastes ont fait inscrire?
Déjà l'on voit de toutes parts,
Lorsque les insurgés s'amassent,
Pavés et dalles qui s'entassent
Comme de terribles remparts;

Le canon bientôt y ſait brèche ;
Soldats, gardes nationaux,
Jeune mobile aux fiers drapeaux,
S'élancent, ainsi qu'une flèche,
Pour débusquer de leurs terriers
Ces trop infâmes cannibales
Qui de leurs dents mâchent les balles
Afin d'être plus meurtriers.

Dans chaque maison les fenêtres
Leur offrent d'habiles créneaux ;
Des caves par les soupiraux
Partent des décharges de traîtres.
Nous voyons décimer nos rangs
Sous le fer et sous la mitraille ;
C'est au plus fort de la bataille
Que renaissent nos combattants.

Au sommet de la barricade
Flottent les drapeaux factieux :
Chaque soldat est envieux
De les saisir à l'escalade ;
Des milliers de jeunes héros
Sont victimes d'un plomb sauvage ;
Au milieu d'un affreux carnage
Tombent nos plus vieux généraux.

Leur chair encore palpitante
Est, par ces hordes de bourreaux,
Déchirée et mise en lambeaux,
Tant est, leur rage, délirante.
Quelques-uns de nos députés,
Ceints de l'écharpe tricolore,

Pour éteindre un feu qui dévore
Se sont en vain précipités.

Apôtre de miséricorde,
Le plus vénéré des prélats
Meurt, frappé par ces scélérats
Quand il vient parler de concorde.
Cependant aux rangs ennemis
Tout se confond et se débande,
La panique devient plus grande,
Et bon nombre se sont soumis.

Le reste aussitôt prend la fuite,
Traqués comme de vils troupeaux
Et n'emportant de leurs complots
Que des remords la triste suite.
C'est ainsi qu'on a vu finir
Une guerre où tout l'avantage
Au bon droit se doit en partage
Contre un parti sans avenir.

Mais, grand Dieu! n'est-ce pas des frères
Qui se sont entr'eux égorgés?
Leurs poignards se seraient plongés
Peut-être en des veines bien chères.
Le sang en restera longtemps
Sur les pavés et sur les dalles
Où, touchés de mortelles balles,
Périrent femmes et enfants.

Aurons-nous donc des chants de gloire
Pour des souvenirs abhorrés?

Contre des Français égarés
Célébrerons-nous la victoire?
Ou plutôt aux pieds des autels,
Pour qu'un seul drapeau nous rassemble,
N'irons-nous pas confondre ensemble
Et pleurs et regrets éternels?

Vous, martyrs de la République,
Recevez nos derniers adieux;
Allez oublier dans les cieux
Les écarts de la politique;
Plaignez la pauvre humanité,
Et que l'offre de votre vie,
Noblement faite à la patrie,
Nous soit un sceau de liberté.

---

Ami lecteur, j'écoute ta critique
Sur quelques vers jetés à tout hasard;
Mais la licence, en temps de République,
Est de bon goût : adieu l'étude et l'art :
Je n'ai voulu qu'émettre ma pensée
Sans m'occuper en versificateur
Si d'une rime ou mal ou bien placée
Tu blâmerais ou plus ou moins l'auteur.
Parmi nos députés l'un voudrait le divorce,
De la polygamie un autre fait grand cas :
Suivre l'avis de tous serait plus que tracas,
Quand chacun veut la loi suivant sa propre écorce.

J. HOSSARD.

www.ingramcontent.com/pod-product-compliance
Lightning Source LLC
LaVergne TN
LVHW010049230826
846091LV00005B/1906

*9782011781314*

la garde nationale et tous les citoyens ont le droit, s'ils la croient violée, ou menacée, d'en adresser au souverain le reproche par d'insultantes vociférations. L'armée qui, sous les républiques comme sous les monarchies, n'a jamais dû connaître que l'obéissance passive, est érigée en corps délibérant, gardien et protecteur des libertés publiques ; le citoyen qui, d'après la charte, s'il n'est électeur ou député, ne peut intervenir dans l'administration de la chose publique que par des pétitions présentées aux chambres, a lui-même reçu de la loi le droit de s'ameuter et de vociférer en face du monarque, pour la défense de la liberté et de la charte. La garde nationale de Paris l'a fait hier; l'armée et tous les citoyens vont suivre cet exemple ; le journaliste les y excite, et, sous ce rapport, il se rend coupable d'un second délit.

Après avoir, dans la feuille du 4 mai, provoqué l'armée et les citoyens à imiter courageusement l'exemple dont une loi de 1815 leur a fait un devoir, le journaliste s'exprime ainsi dans la feuille du lendemain 5 mai : « Que les usurpateurs de nos droits, que les violateurs » de nos lois, qui voudraient faire servir le trône d'instrument à leurs passions, ne s'abusent pas plus longtemps : la génération qui remplit la France veut son » Roi, mais la liberté. Elle est calme aujourd'hui, elle est » pleine de longanimité, parce qu'elle ne demande qu'à » conserver ses institutions ; mais le jour où des mains » téméraires réussiraient à les lui ravir, ce jour-là même » où elle croirait qu'il faut s'animer pour leur conquête, » on aurait à craindre de la voir s'élever telle qu'on vit, il » y a 38 ans, ses pères sortir de leur long repos, et revendiquer leurs droits sacrés. »

Or ce jour est venu, selon le journaliste, car il répète dans le même article : « Que les Ministres n'ont fait autre » chose que de fausser nos institutions; que de chercher » à leur substituer des institutions que repoussent égale-

» ment et l'esprit et les mœurs de la nouvelle France !
» Depuis qu'ils sont au pouvoir, n'ont-ils pas fait tous leurs
» efforts pour pervertir, pour paralyser, pour détruire
» l'opinion publique, pour la rendre suspecte au monar-
» que, pour lui faire envisager sa manifestation la plus
» simple comme ce qu'il y a de plus dangereux pour
» l'autorité ; ses vœux, ses supplications même, comme
» ce qu'il y a de plus mortel à la royauté ? Tout ce qui
» pouvait lui servir d'interprète n'a-t-il pas été attaqué,
» proscrit par eux avec un soin, avec un acharnement
» extrême ? La représentation et la liberté de la presse de-
» vaient être en butte à leurs premiers coups : aussi
» combien n'ont-elles pas reçu d'atteintes ! La loi des
» élections a été refaite en contre-sens de la charte ; la
» liberté des élections elle-même a été méconnue ouverte-
» ment ; la France s'est vue ainsi dépouillée du plus pré-
» cieux de ses droits, de celui qui devait lui assurer tous
» les autres. »

Or ce jour est venu, selon le journaliste, car il répète dans le même article « que les ministres n'ont fait autre » chose. »

Ce droit de revendication et ce mode que la révolution a exercé, ce droit d'insurrection et de révolte, il le légitime et le sanctifie dans sa feuille du 16 février :

« Ainsi donc, quand nos pères, en 1789, se levèrent et
» revendiquèrent leurs droits imprescriptibles, les droits
» les plus précieux, les plus sacrés de l'espèce humaine,
» le ciel fut irrité de leur audace ! Quand ils sentirent leurs
» ames s'exalter au mot de *liberte ;* quand les plus no-
» bles pensées vinrent échauffer leurs cœurs ; quand ils
» prirent le ciel à témoin de la pureté de leurs intentions ;
» quand ils brisèrent les indignes fers que la force leur
» avait imposés, ils n'étaient transportés que d'une cri-
» minelle ardeur ! Grand Dieu ! ce n'est donc pas vous
» qui avez placé dans nos cœurs ces nobles sentimens qui

» nous élèvent au dessus des autres créatures! On nous
» prêche la soumission servile aux volontés de quelques
» maîtres ; mais une voix intérieure ne nous crie-t-elle
» pas que la raison souveraine nous a été donnée pour
» en faire usage, que notre destinée est d'être libres !....
» La mission de quelques-uns serait-elle de comman-
» der? Le sort des autres serait-il d'obéir en aveugles ?
» Mais que disons-nous? Quel doute semblons-nous ad-
» mettre? Non, non, le cri de la conscience est la voix de
» Dieu même.

Cette doctrine n'est point un écart isolé, une brusque saillie; c'est un système; l'éditeur le montre et le développe, selon les circonstances avec plus de réserve ou d'effronterie ; en février (9), par exemple, il frappait l'opinion coup sur coup :

« Reconnaissez avec moi qu'en principe l'opinion des
» peuples entraîne à elle tôt ou tard les gouvernemens,
» et les oblige, quelque résistance qu'ils lui opposent
» d'ailleurs, à marcher dans les voies qu'elle prescrit.
» C'est là un adage devenu banal à force d'avoir été ré-
» pété; mais il ne résoudrait la question qu'en faveur de
» nos arrières-petits-neveux, si je ne m'empressais d'ex-
» pliquer ce qu'il faut entendre par ces mots *tôt* ou
» *tard*.

» Or, suivant moi, l'opinion maîtrise les gouvernemens
» *plus tôt* ou *plus tard*, suivant qu'elle se montre plus ou
» moins pressante....

» Maintenant et pour arriver de suite au cœur de la
» question, je soutiens que les attentats que vous signalez
» chaque jour contre nos institutions, ont dû, par la na-
» ture des choses, rendre ces institutions plus chères aux
» Français, et donner à leur opinion cette force sou-
» veraine, cette vivacité ferme et inébranlable qui ne
» pactise plus, et à laquelle les gouvernemens sont obli-

» gés de céder sans conserver l'alternative du *tôt* ou du » *tard.* »

Cette force souveraine, cette vivacité qui ne pactise plus; c'est la violence et la révolte ; le journaliste le dit expressément page 2 : « On est épouvanté, parce qu'on » se voit obligé d'attendre tout du temps ou de la vio- » lence, et l'alternative est cruelle...... Pour nous, » qui ne pouvons nous défendre de sinistres présages, » nous craignons qu'on ne se confie pas toujours à ce » qu'on appelle la force des choses. Pour s'y confier, il » faut de la patience, et *Dieu seul est patient, parce qu'il* » *est éternel.* »

Il revient sur cette idée dans sa feuille du 12 du même mois ; il cherche d'abord à soulever dans les masses, l'irritation, la défiance et la haine, en rappelant ces *temps où l'espèce humaine etait regardée comme un vil troupeau.* « Ces hommes, préoccupés qu'ils étaient de » l'excellence de leur race et de la légitimité de leurs » priviléges, quand tout a changé autour d'eux, ils sont » restés les mêmes. Comme ils ont appelé pendant plu- » sieurs siècles leurs priviléges *des droits*, ils ne conçoi- » vent pas qu'on puisse parler des *droits de l'homme;* » comme ils étaient seigneurs et maîtres, ils ne com- » prennent pas le sens du mot *citoyen.* »

Il ajoute, et voici le passage incriminé : « Il y a erreur » et ignorance à prétendre aujourd'hui établir un despo- » tisme durable. On peut l'imposer par la force pour un » temps ; mais il faut qu'il cède bientôt à l'action perma- » nente de la pensée, à cette force expansive, supérieure » à toutes les forces. Il faut que l'obstacle qu'on lui op- » pose lui cède sans trop de retard, ou bien il y a explo- » sion, et la force comprimante est détruite. »

Ces dernières expressions sont claires ; l'explosion qui renverse l'obstacle, qui détruit la force comprimante, c'est la violence et la révolte.

Même principe, même commentaire, même espoir et même présage dans la feuille du 25 du même mois :

« Le char est lancé, et l'on ne peut mettre en question
» s'il s'arrêtera avant d'avoir franchi l'espace qui le sépare
» de la plaine ; considérez que vingt-cinq millions de cœurs
» français palpitent dans ce moment, et que ni pestes, ni
» incendies, ni persécutions, ni massacres, n'empêche-
» ront que demain, dans huit jours, dans un an, il ne
» reste encore assez de cœurs brûlans de patriotisme pour
» contenir le pouvoir dans les limites légales, ou pour l'y
» ramener s'il en est sorti. »

Il appuie son assertion d'une citation, où il est dit que le bien s'opère comme le mal *par le moyen et avec la violence de l'usurpation, et qu'il n'y a pas encore eu d'autre souverain que la force.* Il est donc clair que c'est par l'usurpation, la force et la violence, que demain, dans huit jours, ou dans un an, les cœurs brûlans de patriotisme contiendront ou ramèneront le pouvoir dans les limites légales. « Les paroles de l'auteur cité, ajoute le journaliste, pei-
» gnent énergiquement le présent et prophétisent l'avenir...
» *Novit namque omnia vates, quæ sint, quæ fuerint, quæ
» mox ventura trahantur.* » Ces mots *quæ mox ventura* sont imprimés non en lettres italiques, comme ceux qui suivent et qui précèdent, mais en autres caractères, pour mieux fixer les yeux et l'esprit.

Enfin toute explosion ayant besoin d'un texte et d'un signal, le journaliste donne l'un et l'autre : c'est la chute du ministère : « *Nous sommes parvenus*, dit-il, *au point où
» l'on ne peut plus transiger avec la nécessité.* Le fruit est
» mûr, il ne reverdira plus : sa destinée prochaine, *mox
» ventura*, est d'être séparé de l'arbre qui le portait. Ne
» dites pas, *à condition qu'on aura la prudence de le cueillir ;*
» il en sera ainsi, soit qu'une main l'enlève de sa tige,
» soit qu'il s'en détache de lui-même et par son propre
» poids »

Non content de souffler généralement l'esprit d'insurrection et de révolte, le journaliste à la même époque l'attisait spécialement dans cette ville.

Dans la feuille du 6 février, il rappelle aux Lyonnais : « Que toujours indociles au joug et jaloux à l'excès de » leurs droits, ils se montièrent plus d'une fois ardens à » les défendre ; c'est ainsi que le roi Charles IX ayant » en 1566 ordonné la construction d'une citadelle à Lyon, » sur la place des Bernardines ; plus tard, en 1585, les » habitans conduits par leurs échevins et par le gouver- » neur Mandelot, s'en emparèrent et la démolirent ; et » le Roi approuva ensuite cette mesure extraordinaire. »

A ce passage dont le but est évident, et pour le faire ressortir encore davantage, le journaliste ajoute : « *Dans » la pensée de certains hommes prevoyans, ce projet n'etait » peut-être pas conçu dans le but de protéger la France contre » l'invasion etrangère.* »

La feuille du 28 février porte :

« Le Lyonnais est de sa nature inoffensif et confiant. » Mais agacez-le, tourmentez-le un peu, essayez de lui » ravir sa liberté, et vous l'allez voir braver les tyrans, » affronter les périls, supporter les douleurs avec cons- » tance et mourir en héros. »

Le 3.e délit consiste dans l'attaque contre les droits que le Roi tient de sa naissance.

Dans la feuille du 5 février, le journaliste fidèle à son plan remue d'abord les passions populaires ; il reproche aux maréchaux de France d'avoir eu la faiblesse de troquer leur habit couvert d'une noble poussière et noirci par la victoire, contre le manteau brillant de la féodalité, et d'avoir dénationalisé leurs noms. S'adressant plus bas aux signataires d'une pétition transmise à la chambre des Députés, pour demander la mise en accusation des Ministres : « Fiers de votre honorable industrie, leur dit-il, vous » préférerez vos *boutiques*, premier élément de la prospé-

» rité nationale, aux demeures voluptueuses de ces fai-
» néans titrés qui vous parlent du haut de leur grandeur,
» et qui ne craignent pas d'insulter aux hommes dont ils
» dévorent la substance. »

C'est entre ces réflexions que l'éditeur a jeté cette phrase : « Qu'il n'est pas un pouvoir dans la monarchie
» constitutionnelle, qui soit institué pour lui-même; à
» commencer par *le monarque*, à finir par le garde cham-
» pêtre, tous doivent agir dans les intérêts généraux; tous
» sont, dans leurs attributions respectives, *les représentans*
» *de la nation.* »

Dans la feuille du 8 et 9 mars il reproduit cette assertion et la commente : « Le pouvoir *législatif* et le pou-
» voir *exécutif* ne peuvent se constituer eux-mêmes; ils
» sont par conséquent, une *délégation* de la puissance
» nationale. Autrement, ils seraient usurpateurs et illégitimes. »

» Tout pouvoir légitime a donc un caractère représen-
» tatif.

» Ainsi, le gouvernement, en France, est *monarchique*,
» parce que *le Roi*, placé au sommet de la pyramide so-
» ciale, est supérieur aux autres pouvoirs *sous bien des*
» *rapports*. Il est *constitutionnel*, parce que les pouvoirs
» souverains sont également soumis à la charte. Il est *re-*
» *présentatif*, parce qu'ils ont reçu leur *mandat* de la na-
» tion, et qu'ils la représentent. »

Ainsi, non content de soulever les passions, d'appeler sans relâche le mépris et la haine sur le gouvernement du Roi, de légitimer l'outrage envers la majesté royale, de provoquer le peuple et l'armée à user de violence pour assurer l'empire de la charte, le journaliste justifie d'avance l'insurrection et la révolution qu'il provoque en reproduisant les théories qui ont servi de base à la révolution qui renversa le trône, c'est-à-dire la souveraineté du peuple et la délégation conditionnelle de la puissance nationale à un Roi qui n'est que le mandataire de la nation.

C'est le délit prévu par l'art. 2 de la loi du 25 mars 1822, le délit que la chambre des Pairs proposa de prévenir ou de réprimer, en ajoutant par amendement à cet article les mots suivans; « Toute attaque contre les droits que le Roi » tient de sa naissance, et ceux en vertu desquels il a » donné la charte. »

Par ces divers motifs le Procureur du Roi requiert qu'il soit décerné un mandat de comparution, etc.

---

Sur cette plainte, un jugement du 30 juin 1827, admit le grief *d'attaque contre les droits que le Roi tient de sa naissance*, et condamna l'Editeur responsable à trois mois de prison et 1,000 francs d'amende.

Le jugement rejeta les autres griefs.

Il y eut appel de la part de l'Editeur; appel *a minimâ* de la part du Procureur du Roi.

Tous les griefs ont été reproduits devant la Cour royale, par ce double appel, sauf le grief d'offense envers la personne du Roi, qu'un jugement par défaut, du 14 juin, avait écarté.

# RÉQUISITOIRE

PRONONCÉ

PAR M. L'AVOCAT GÉNÉRAL GUILLIBERT,

A L'AUDIENCE DE LA COUR ROYALE DE LYON,

*Du* 11 *Août* 1827.

---

MESSIEURS,

AVANT de démontrer la justice des griefs énoncés dans la plainte qui a donné matière à ce procès, arrêterons-nous un regard sur ceux dont la récrimination du prévenu entoure à la fois la plainte, le Magistrat qui l'a rendue, et le Chef du parquet qui l'a dictée? « C'est, dit le prévenu, une œuvre » de sottise, que tantôt il suppose ourdie par » un journal haineux dont le ministère public » est l'agent docile; tantôt par cette Congrégation, » déjà victorieuse, dont l'esprit de ténèbres s'est » assis au milieu de nous. — Une imprudente » accusation ose provoquer d'effrayantes discus- » sions sur des questions mortelles ou vitales; » elle empoisonne tout ce qu'elle touche; elle » travestit la fidélité en complot, les doctrines » les plus pures en cris d'insurrection et de » révolte. La royauté serait compromise, si le

» prévenu ne venait à son aide ; l'ordre social » serait ébranlé, si la défense, plus respectueuse » que l'accusation, n'eût rassuré le Juge et » repoussé loin d'elle des débats impies. »

Ce langage, Messieurs, n'a rien qui nous étonne ; souverain dispensateur de l'éloge et du blâme, arbitre des droits et des devoirs, censeur des gouvernemens, protecteur des peuples et instituteur des Rois, le journaliste s'indigne à l'idée de se disculper devant un Juge. Ce n'est pas lui, c'est le peuple et la liberté qu'on menace ; c'est la charte et la patrie qu'on trahit.

Fort de ces appuis, il change de rôle ; l'attitude d'un prévenu l'aigrit et l'offense ; il la repousse, et place lui-même sur la sellette le Magistrat qui eut l'audace de la lui montrer.

C'est ainsi que, dans cette cause, le journaliste inculpé reproche au Magistrat qui le poursuit, de dénoncer et d'incriminer ses propres doctrines.

Il oppose le Député fidèle au Procureur général abusé. Vain effort ! Après avoir tout compulsé, que trouve-t-il à coter et à extraire ? des principes généraux sur la liberté de la presse, sur la théorie des monarchies constitutionnelles et des gouvernemens absolus ; des opinions vraies qu'il eût vainement tenté de travestir, et surtout qu'il a soigneusement évité de rapporter sur les points précis de l'accusation.

Que n'a-t-il pris, en effet, pour guide et pour maître, le publiciste éclairé dont il dit avoir suivi les leçons? Il n'eût cessé de montrer aux Français la royauté comme leur asile, et la presse périodique comme le fléau qui menace le repos du monde. . . . . .

Loin de nous l'idée de défendre M. le Procureur général contre le stérile essai d'un prévenu. Magistrat ou Député, le Chef de ce parquet est bien au dessus d'une telle atteinte.

Nous dirons pourtant au prévenu ce que, le 7 mai 1819, le Député disait du haut de la tribune: « Qu'on cesse d'invoquer la charte; on » doit des garanties à la liberté, et on les lui » assure: mais que les journalistes se rappellent » qu'on doit à la liberté même des garanties » contre leur licence, et que si les journaux » sont nécessaires, il est plus nécessaire encore » de préserver l'ordre social de leurs écarts et » de leurs excès. »

Nous lui dirons avec le même Député, lorsque dans la séance du 16 février 1822 il peignait si éloquemment les effets que la presse périodique avait produits, et reproduirait chez les divers peuples: « La liberté de ces feuilles n'est point » de l'essence de notre gouvernement: ce n'est » point une nécessité, c'est un péril; car la li- » berté illimitée de ces feuilles est inséparable » de la licence, et la licence, en provoquant » l'intervention du peuple, peut ruiner le gou- » vernement, renverser la constitution et boule- » verser l'Etat. »

Nous lui dirons ce que le Député (dont à toutes les époques l'honneur et la fidélité se sont manifestés si hautement par les actions, plus encore que par les paroles) disait, en 1822, sur l'article même de la loi qui a motivé la condamnation prononcée par les premiers Juges : « Le » Roi tient de sa naissance des droits antérieurs » à la charte et indépendans de la charte. . . . . » Le droit de régner appartient à la dynastie ; » il lui appartient à perpétuité. . . . . . Le Roi » légitime ne succède au trône, ni par l'assen- » timent exprès, ni par l'assentiment tacite de » son peuple. . . . . . Toute autre doctrine ren- » ferme implicitement la ruine du principe fon- » damental de l'ordre social et de l'ordre poli- » tique, sous la monarchie représentative comme » sous la monarchie pure. C'est (dit Blackstone) » la doctrine des infâmes juges de Charles I.er »

En un mot, Messieurs, la justice a commandé la poursuite, elle commande aussi la répression.

Une défense astucieuse et offensante ne saurait atteindre notre ministère.

La réparation, il la dédaigne ; la condamnation, il la réclame.

La culpabilité est grave, elle est évidente. Nous espérons, Messieurs, vous en convaincre ; car devant vous la raison seule peut trouver accès.

## § I.er

### *Attaque contre les droits que le Roi tient de sa naissance.*

Abordons, en premier lieu, le grief d'attaque contre les droits que le Roi tient de sa naissance, puisé dans les feuilles du 5 février, et du 8 et 9 mars (1).

Le premier droit que le Roi tient de sa naissance, est d'être investi de la royauté par voie de succession naturelle et légitime : car rien n'est plus vrai qu'en ce point le droit politique est exactement pour le trône, ce qu'est le droit civil pour les citoyens.

Et de même que la loi civile protége la transmission héréditaire des fortunes privées, la loi politique assure la transmission héréditaire de la couronne.

De là cette conséquence que, dans l'intérêt des peuples, le Roi tient de sa naissance le droit d'être Roi, indépendamment de leur volonté ou de leurs caprices.

Et malheur au pays où ce dogme de conservation vient à être méconnu. Ce n'est point alors seulement le trône qui est en danger, c'est la nation toute entière. Guerre civile, guerre étrangère, usurpations des pouvoirs souverains, usur-

(1) Voyez la plainte, pag. 11.

pateurs de tous les genres, convulsions pour les élever, déchirement pour les abattre, épuisement du corps social, ravages de toute espèce : voilà les maux, les maux inévitables pour un vieux sol monarchique où des publicistes impies parviennent à enivrer le peuple de la pensée suicide que la souveraineté lui appartient; qu'il est libre d'en user, dût-il s'en frapper de mort dans ses débordemens et ses fureurs. Autant vaudrait enseigner aux nations l'art de déchaîner à la fois sur elles tous les fléaux que Dieu créa pour leur faire sentir leur néant et sa puissance.

Et certes ces conséquences redoutables que personne ici ne saurait nier, dont la dernière fut de vous montrer, comme à nous, tristes contemporains de l'invasion, la foudre étrangère prête à morceler la patrie, sont d'assez graves anathèmes contre ce dogme du reste si bizarre, qu'il tend à placer le Roi aux ordres des sujets; ou, si l'on veut (comme d'autres l'ont dit avant nous), à créer un esclave pour trente millions de rois.

D'autres argumens sembleraient donc superflus contre cette funeste doctrine. Cependant, puisque le journaliste l'a reproduite, il est bon de la discuter et de l'approfondir.

Considérée en elle-même, la souveraineté est un être purement intellectuel.

Considérée dans son exercice et son application, dans ce qui la montre aux yeux de tous, elle a pour objet la direction et le gouvernement des peuples.

Mais isolée des ressorts par lesquels elle agit, la souveraineté ne serait véritablement rien.

Son existence est donc étroitement liée à la main qui doit en supporter le poids. Vouloir qu'elle soit dans les millions de mains qui ne pourraient le régir, c'est vouloir qu'elle ne soit pas.

Quand on dit au peuple qu'il est souverain, on lui débite une étrange folie. Pour qu'il pût être souverain, il faudrait qu'il lui fût possible de faire des lois et de se gouverner; car à travers tant de rêveries politiques qu'on a professées et voulu mettre en pratique touchant la souveraineté, il est aisé de voir qu'en résultat on fut toujours forcé de reconnaître que cette toute-puissance résidait dans ceux que les décrets de la Providence appelaient à tenir les rênes du gouvernement (1).

---

(1) Dans sa feuille du 20 août, le Précurseur soutient que j'ai dit à l'audience que nos Rois tiennent leurs droits de Dieu et de leur épée. J'ai parlé de la Providence qui règle la destinée des Rois comme celle des nations et de toutes les choses de ce monde. Le mot d'épée n'est pas sorti de ma bouche. Mais j'ai constamment soutenu que, bien que la souveraineté ne puisse jamais être dans le peuple, c'était dans son assentiment que le chef de la race auguste qui règne sur la France, avait puisé pour lui et ses descen-

Quatorze siècles ont fait de la France la plus ancienne des monarchies européennes. Elle est et ne peut être gouvernée que par un Roi. La royauté est notre statut fondamental. Elle est, selon Montesquieu, une dépendance de notre sol ; elle représente la nation. C'est d'elle que tous les autres pouvoirs relèvent : c'est dans le foyer de sa puissance et de sa splendeur qu'ils puisent leur source. Montesquieu l'a dit encore : *Dans la monarchie le prince est la source de tout pouvoir politique et civil.*

Qu'on ne nous parle donc pas de mandat du peuple au monarque. On ne délègue à titre de mandat que ce que l'on pourrait retenir. Or, là où il y a insurmontable difficulté à ce qu'une nation puisse garder la souveraineté sur elle-même, on ne comprend pas qu'elle soit apte à en confier la régie à un mandataire. Il lui faudrait des convulsions pour convenir d'un mandat ; il ne lui faut que du calme pour se placer sous

---

dans leur droit à la couronne. J'ai dit que ce consentement primitif une fois donné, établit un *transport* irrévocable ; que c'est par l'effet de ce transport que les Rois représentent la nation, et non par l'effet d'un mandat. Différence énorme dans le langage des publicistes comme dans celui des jurisconsultes : différence du tout au tout, qui n'est rien moins que celle qui existe entre le titre légitime et le titre précaire. Voilà quel fut mon système. Si la défense l'a toujours méconnu, ce n'est pas que je ne l'aie amplement développé, soit dans mon plaidoyer, soit dans ma réplique.

l'égide du souverain que la Providence lui présente.

Et voulût-on ne voir dans l'assiette primitive du peuple sous le sceptre de la maison royale de France, dans l'assentiment général de la nation à s'y soumettre à perpétuité, qu'un *consentement* de l'ordre de ceux qui interviennent dans les contrats ; ce consentement définitif offrirait sans doute l'image d'un transport irrévocable, impérieusement réclamé par la nécessité commune et pour le paisible maintien des libertés politiques et civiles, mais jamais l'image d'un mandat; car ce qu'on délègue à ce titre n'est confié que précairement et temporairement, et qui dit *mandat* dit une mission susceptible d'être révoquée. Or on ne peut admettre dans notre constitution sociale, ni retrait, ni possession précaire ou temporaire de la royauté. L'usurpation et l'anarchie peuvent s'agiter pour la renverser ; mais ce sont là des crimes et non pas des droits.

D'un autre côté, tout mandat placerait le mandataire dans un état d'obéissance, par rapport au mandant; mais comme la soumission est l'opposé de la souveraineté, l'une commençant où finit l'autre, qualifier la royauté de *mandat*, la placer ainsi au dessous du peuple, dont elle est en réalité la tige et le sommet, c'est évidemment l'attaquer dans son essence.

Enfin, le caractère propre du mandat est de finir par la mort du mandataire ; tandis que la loi fondamentale du pays est que le Roi ne meurt pas. Qualifier la royauté de *mandat*, c'est donc vouloir ébranler le sol monarchique.

Qu'on ne la rabaisse pas non plus au niveau d'aucun autre pouvoir ; qu'on n'ait pas l'audace de supposer que l'autorité qui découle d'elle sort d'une autre source et représente une autre puissance que la sienne. Ce serait encore la frapper à sa base ; et de semblables écarts attireraient inévitablement sur leur auteur la vindicte publique.

Voilà, Messieurs, notre doctrine ; elle est conforme à nos lois politiques de tous les temps ; elle est d'accord avec la charte, avec les lois instituées, pour faire respecter et la charte et la royauté qui la concéda. La charte est, en effet, le résultat visible des droits que le Roi tient de sa naissance. Louis XVIII l'a dit en la donnant : *Nous avons considéré que bien que l'autorité toute entière résidât en France dans la personne du Roi ...... nous avons dû nous souvenir que notre premier devoir envers nos peuples était de conserver pour leur propre intérêt les droits et prérogatives de notre couronne*, etc. *A ces causes, par le libre exercice de notre autorité royale*, etc.

C'est donc bouleverser essentiellement les bases de notre édifice social, que d'appliquer au Roi la qualification de mandataire ou de *délégué* dans le sens que ce mot tire du mandat.

Vainement, pour échapper à cette doctrine, on a recours à de nombreuses citations que l'on torture, et à une confusion de mots. Hâtons-nous de rappeler les plus marquantes de ces citations, et d'en montrer le sens véritable.

Nous commencerons par reconnaître que la qualification de représentant de la nation, appliquée au Roi (mais au Roi sans comparaison avec personne), n'aurait rien que de conforme à notre droit public de tous les temps. Et nous répéterons avec la défense, que jamais Roi ne définit mieux ce titre que Louis XIV, disant: *l'Etat c'est moi.*

Mais entre un représentant du peuple, tel que Louis XIV, et un mandataire, un délégué, revêtu d'un mandat, il y a loin.

( Ici M. l'Avocat général discute les citations présentées dans la défense imprimée du prévenu; presque toutes rentrent dans le droit divin, aucune n'établit le mandat du peuple : on doit en dire autant de toutes celles que la défense a fait valoir depuis. )

Que veut-on de plus? des citations de notre part? ce serait abuser des momens de la Cour.

Il en faut une cependant, pour faire sentir quel fut le pouvoir de ces mots que les auteurs de la révolution adoptèrent *pour assainir les idées* ( à la manière du temps ), *et pour prévenir toute méprise sur les choses*, ( comme le disait un orateur du côté gauche de l'Assemblée constituante. )

Dans la séance royale du 23 juin 1789, Louis XVI venait de prescrire provisoirement aux Etats-Généraux le mode de réunion par chambres.

*Qui vous fait ce commandement* ( dit cet homme trop célèbre qui paya bientôt de sa vie ses regrets tardifs d'avoir ébranlé le trône )? *VOTRE MANDATAIRE! Qui vous donne des lois impérieuses? VOTRE MANDATAIRE, lui QUI DOIT LES RECEVOIR DE VOUS.....*

Etrange aveuglement! aberration criminelle! et ce mot fit une révolution.... et la couronne fléchit devant le prestige du *MANDAT* populaire!.....

D'où purent donc venir tant d'audace d'une part, et cette mortelle faiblesse de l'autre?

Non, ce ne fut point de la nécessité d'opérer d'indispensables réformes; le Roi les voulait, le Roi les offrait d'une main libérale.... et sous son sceptre l'avenir en promettait d'autres.

D'où vinrent donc et tant de témérité, et cette sécurité funeste qui n'en calcula pas les suites? de ces rêveries déplorables enfantées par une licence non moins incompréhensible qu'inexpérimentée; de ces écrits dont s'enivraient follement toutes les classes de la société, et la Cour plus encore que la ville, sans songer au poison politique qu'ils renfermaient.

Le contrat social avait dit (1) (et tous les échos

---

(1) Contrat Social, liv. 3, chap. 18.

de ce code de vertige et d'erreurs avaient répété ), que la souveraineté résidait essentiellement dans le peuple ; qu'un Roi n'était qu'un procureur provisoire de la nation. On s'était familiarisé avec cette doctrine absurde, impie, non moins anti-populaire qu'anti-monarchique. Elle fut le signal de la révolution. La sédition la fit proclamer dans la *déclaration des droits* (1); elle égara la pensée du législateur dans la constitution de 1791.

Vainement le Roi protesta ; vainement il voulut s'éloigner du gouffre. Les terribles mandans l'enchaînèrent au mandat : il fallut le subir. Il fallut souffrir son insultante révocation; et bientôt s'élança contre le trône l'affreux régicide, s'appuyant effrontément sur l'indigne prétexte de la violation du mandat.

Qu'on nous dise, après cette catastrophe et son sanglant cortége, ce qu'il y a d'innocent dans la doctrine du mandat. . . . .

Imprudens qui l'avez émise et préconisée dans vos feuilles, essayez, s'il est possible, de calmer l'effroi qu'elle inspire aux Magistrats chargés de réprimer les entreprises des factions. — Mais ne venez pas la commenter froidement, en vous perdant dans une étrange confusion de citations. Que dis-je? l'exalter avec un air de triomphe,

---

(1) Arrêtée le 20 août et promulguée le 3 novembre 1789.

avec l'accent de l'injure et du dédain contre ceux qui la combattent.

Elle n'est pas, dites-vous, dans vos feuilles, avec la signification que lui prête la plainte...

Et plût à Dieu que nos yeux se fussent trompés! Mais la feuille du 8 mars ne dit-elle pas : *Le pouvoir législatif et le pouvoir exécutif ne peuvent se constituer eux-mêmes. — Ils sont par conséquent une DÉLÉGATION de la puissance nationale, autrement ils seraient usurpateurs et illégitimes.*

Et immédiatement après : *Le Gouvernement en France est représentatif, parce que le Roi et les autres pouvoirs ont reçu leur MANDAT de la nation.*

Il y a (nous le répétons) dans ces paroles erreur manifeste, attaque évidente contre les droits du Roi.

Les Rois d'une race établie naissent avec le droit inévitable à la royauté. Ce droit est pour eux, par rapport aux peuples, pour la *seule utilité de ceux-ci*, le droit de la nature. Le Roi meurt; — son successeur héréditaire se constitue Roi, en prenant le titre qui se trouve en lui et qui lui est *PROPRE*.

Ainsi la royauté n'est point *une DÉLÉGATION-mandat de la puissance nationale*, — un *MANDAT de la nation.*

Le Roi n'est le mandataire de personne. — Il ne peut pas l'être de ceux que sa naissance l'appelle à gouverner. La puissance nationale réside en lui. — Elle ne serait dans la nation qu'une fièvre ardente, qu'un fléau destructeur. Donc elle n'est point dans la nation : donc elle ne saurait y être.

Elle est dans le Roi; là seulement elle peut être, selon son essence, une source d'ordre et de bien public; là seulement elle est pour la nation l'ancre du salut, le port de l'espérance, le gage de la prospérité et de la gloire.

Mais, dites-vous, le mandat fut donné au chef de la race royale : il s'est continué dans ses successeurs.

Ce ne fut point un mandat qui plaça Hugues Capet sur le trône. — Sa puissance, son génie, la nécessité, l'y appelèrent. La voix des grands du royaume le reconnut. Les forces de la nation, l'instinct des peuples qui, en se rangeant sous son sceptre, voyaient de loin la ruine de la féodalité, l'y maintinrent : là sans doute fut un consentement unanime. — Et voulût-on l'analyser selon les règles des contrats, il y aurait absurdité, malveillance à le qualifier de mandat.

Mais, dira-t-on, l'expression est seulement inexacte; au fond les rédacteurs avaient en vue un mandat que le peuple ne pouvait plus révoquer, et qui devait se continuer à perpétuité dans la dynastie régnante.

Si le journaliste eût tracé ces expressions dans

sa feuille et s'il y eût implicitement attaché le commentaire qu'on voudrait lui attribuer, l'idée et les expressions seraient encore fausses ; car il n'est entre la souveraineté et le mandat rien de compatible.

Mais, de bonne foi, y a-t-il rien de semblable? n'est-ce pas le mot sec, isolé et tyranniquement froid de *mandat*, avec son acception telle quelle, que le journaliste applique à l'autorité royale?

L'article incriminé laisse-t-il sur l'époque même l'ombre du doute? Est-ce à l'avènement du chef de la dynastie régnante que la pensée s'attache, que les expressions se rapportent? Etait-il question alors de charte, de *gouvernement constitutionnel*, de gouvernement *représentatif!* C'est à cette forme de gouvernement, c'est donc à l'époque actuelle que le journaliste applique ses doctrines sur *la délégation de la puissance* nationale et *le mandat de la nation.* Et fallût-il remonter, comme il le prétend pour son excuse, à l'institution primitive de la dynastie régnante, jamais, ainsi que nous l'avons démontré, elle n'offrirait la fausse et dangereuse image du mandat.

Cependant, par grâce spéciale, il est dit dans la continuation de l'article, que *la personne du Roi est inviolable et sacrée*....... Mais ces mots suffisent-ils pour signifier que le mandat n'est point précaire, qu'il ne constitue point l'obéissance, qu'il est irrévocable, qu'il doit être transmis héréditairement, toutes choses qui ne vont point avec l'idée qu'exprime naturellement le mot mandat? Ne sait-on pas d'ailleurs que la constitution de 1791 déclarait aussi la personne du Roi inviolable et sacrée? mais elle l'avait institué mandataire. L'année d'après le mandat fut suspendu, puis retiré le mois suivant.

La même loi ne déclarait-elle pas inviolables les représentans élus pour deux ans? A Rome les tribuns élus pour un an, n'étaient-ils pas inviolables et sacrés? Cette qualification ne corrige donc pas ce que celle de mandataire a de funeste pour la royauté, qu'elle range par le fait dans les institutions républicaines, toutes provisoires, toutes dépendantes de la volonté *de la nation*.

Mais, ajoute-t-on, le journal a dit *que le Roi ne peut faire que le bien*. . . . . Et qu'importe qu'il l'ait dit? Ces vains palliatifs sont-ils propres à détruire un principe faux en lui-même et redoutable dans ses conséquences?

Le Roi fera le bien; mais le peuple souverain croira qu'il fait le mal, tant on s'efforcera de le lui persuader.

Louis XVI aussi ne voulait-il pas, ne faisait-il pas le bien de ses sujets? Son règne bienfaisant, ses vues paternelles, ont-elles empêché qu'on ne montrât au peuple, dans les actes du mandataire couronné, que trames, complots et perfidies? Le mandat n'a-t-il pas trouvé sa révocation sur l'échafaud?

Remarquez ensuite, Messieurs, quelle dédaigneuse assimilation du pouvoir royal à cette foule de mandataires que le Roi prépose pour le gouvernement de ses états. *Tous les pouvoirs*, est-il dit dans la feuille du 8 mars, *qui composent le gouvernement*, *ont reçu leur mandat de la nation. Le Roi placé au sommet de la pyramide sociale est supérieur aux autres pouvoirs* SOUS BIEN DES RAPPORTS.

Que signifie cette méprisante restriction, *sous bien des rapports?* Hormis les lois (dont le Roi de France est le premier de son royaume à se faire honneur de dépendre), le Roi est supérieur *sous tous les rapports*, à tout ce qui existe en France. Les chambres ne peuvent rien sans lui ni sur lui. « S'il retire sa main royale, tout » s'arrête; s'il l'étend, tout marche. Il est si » bien tout par lui-même, qu'ôtez le Roi il » n'y a plus rien. » (*M. de Chateaubriand*, *monarchie selon la charte.*)

Et que dirons-nous de l'article incriminé (feuille du 5 février), qui mesure la majesté royale à la même règle que le garde champêtre représentant de la nation?

« Il n'est pas un pouvoir (dit cet article) » dans la monarchie constitutionnelle qui soit » institué pour lui-même, à commencer par le » Monarque, à finir par le garde champêtre : » tous doivent agir dans les intérêts généraux ; » tous sont, dans leurs attributions respectives, » les représentans de la nation. »

« La garde nationale de Paris a crié : Vive la charte !
» Elle en avait le droit; elle a fait son devoir. Et com-
» ment, tandis que des insensés attaquent nos institutions
» les plus précieuses! tandis que des factieux réclament
» à grands cris le pouvoir absolu, l'on voudrait imposer
» silence aux bons citoyens! Non, non, ne l'espérez pas;
» une loi, et non une ordonnance, une loi du 15 mars
» 1815, a confié le *dépôt de la charte constitutionnelle et*
» *de la liberte publique à la fidelité et au courage de l'armee,*
» *des gardes nationales et de tous les citoyens;* hier la garde
» nationale de Paris a prouvé qu'elle voulait garder ce
» dépôt sacré, et la fidélité et le courage de l'armée et
» de tous les citoyens sauront imiter un si noble exemple.»

Le rédacteur isole ici avec adresse le cri de *vive la charte!* des autres cris simultanément proférés : c'est pourtant la conduite de la garde nationale de Paris qu'il entend justifier dans son ensemble ; c'est l'exemple qu'il propose, l'exemple que l'armée et tous les citoyens sauront imiter.

En réduisant sa pensée à ce seul cri de *vive la charte!* le passage cité constitue deux délits : pris isolément et considéré comme une simple expression d'amour et de reconnaissance, le cri de *vive la charte!* ne serait qu'un hommage au Roi; proféré devant le monarque par une troupe sous les armes, pour lui reprocher la violation de cette charte et lui annoncer qu'on veut qu'on la respecte, c'est à la fois une offense et une menace. Le journaliste qui le justifie, qui l'exalte, qui le préconise comme l'exercice d'un droit et l'accomplissement d'un devoir, s'associe à l'offense et la reproduit ; il attaque en outre la dignité royale, en osant soutenir qu'on a le droit de l'offenser, et que ce droit résulte de la loi.

Lorsqu'en 1815 Bonaparte envahit de nouveau la France, le législateur appela l'armée, la garde nationale et tous les citoyens à la défense de la charte que le Roi venait de donner à ses peuples : le journaliste en conclut que l'armée,

# PLAINTE

## RENDUE PAR M. LE PROCUREUR DU ROI

### PRÈS LE TRIBUNAL CORRECTIONNEL DE LYON,

### CONTRE L'ÉDITEUR DU *PRÉCURSEUR*.



---

Le Procureur du Roi déclare rendre plainte contre l'édite responsable du *Précurseur*, comme coupable :

1.° D'offenses envers la personne du Roi et d'attaq contre la dignité royale ; délits prévus par l'article 9 la loi du 17 mai 1819, et par l'article 2 de la loi du mars 1822 ;

2.° D'efforts soutenus pour provoquer les citoyens, à désobéir aux lois, soit à s'armer contre l'autorité roy délits prévus, le premier, par l'article 6 de la loi du 17 1819; le second, par l'article 87, §4 du code pénal c biné avec l'article 2 de cette loi ;

3.° D'attaques contre les droits que le Roi tient d naissance ; délit prévu par l'article 2 de la loi du 15 1822.

Lesquels délits résultent des différentes feuilles journal.

Savoir : 1.° les offenses envers la personne du Roi attaques envers la dignité royale, des passages suiv

Le journaliste, dans sa feuille du 4 de ce mois compte de la revue du 29 avril : « En un mot, la garde nationale de Paris a fait entendre les cris *les jésuites ! à bas les ministres ! vive la charte !* » Il et voici le passage incriminé :

COUR ROYALE DE LYON.

---

# RÉQUISITOIRE

PRONONCÉ

## DANS L'AFFAIRE DU *PRÉCURSEUR*,

A L'AUDIENCE DE LA COUR ROYALE DE LYON,

(Première et quatrième Chambres réunies),

LE 11 AOUT 1827,

PAR

M. L'AVOCAT GÉNÉRAL GUILLIBERT.

AF561990

Sans doute, dans une monarchie, aucun pouvoir n'est institué pour lui-même ; sans doute ils existent tous afin d'agir dans les intérêts généraux. Le bien-être de la nation fait la gloire du Monarque. — Le bon ordre dans toutes les parties de l'administration, est le plus bel éloge des sujets délégués pour administrer.

Mais que faudrait-il inscrire à côté de ces maximes ?

Qu'un journaliste qui, sous son insolent niveau de représentation du peuple, se permet de placer le garde des champs à côté du Monarque, est, tout à la fois le plus irrévérencieux et le plus coupable des écrivains ; qu'il trouble l'ordre ; — qu'au lieu d'agir dans les intérêts généraux, il les foule sous sa presse séditieuse ; que descendre ainsi la royauté parmi les pouvoirs qui lui sont inférieurs, dont la majeure partie sont révocables, dont un seul, après la royauté ( la Pairie ), est héréditaire, dont tous peuvent être flétris et desséchés par la justice, c'est attaquer les droits du Roi. C'est chercher à obscurcir cette auréole sainte d'inviolabilité, de perfection infaillible, d'existence impérissable, dont la sagesse et les besoins de nos aïeux se plurent à entourer le diadème, en disant : « *Malheur et malédiction à nos enfans s'ils s'avisoient jamais de ne pas la respecter !* »

Et que signifient *ce garde champêtre* et ces autres fonctionnaires qui, comme lui, sont les *représentans de la nation ?*

Où donc le Précurseur a-t-il puisé cette rêverie, ce nouveau genre d'invective contre la royauté?

Certes, les faiseurs de 91 allèrent loin, mais ils ne s'élevèrent pas à cette hauteur démocratique.

Tout en dégradant la royauté, tout en la frappant de mort, par cela seul qu'ils la qualifièrent de mandat, de délégation-mandat de la puissance nationale, ils admirent cependant encore que le pouvoir exécutif demeurait dans les mains du Roi.

Ils poussèrent la dignité populaire jusqu'à poser en principe que le Roi et les députés seroient seuls des *représentans de la nation.*

Le Précurseur est plus libéral encore. — Selon lui, le garde champêtre aussi, comme tous les autres pouvoirs, à partir du Monarque, sont les *représentans de la nation.* Ainsi le Roi qui nomme à tous les emplois, nomme des représentans de la nation. Ainsi le garde champêtre, le sous-préfet, le préfet, le colonel, le sergent, le caporal, dont les pouvoirs émanent directement ou indirectement du pouvoir royal, représentent, non pas ce pouvoir, mais la nation. Ainsi, pour pousser jusqu'au bout la conséquence, c'est au peuple que le garde champêtre et tous les fonctionnaires devront compte de leur mandat.

Mais où nous jetteroit cet absurde système, cette aggression délirante, il faut le dire, contre l'autorité royale?

On vous dit que le garde champêtre représente la nation, parce que son titre émane du pouvoir exécutif du Roi, représentant de la nation. Mais pour comprendre cette cascade, il faut d'abord se livrer à une interprétation qui met à la torture les termes dont s'est servi le rédacteur du journal ; car il a dit simplement : *A commencer par le Roi jusqu'au garde champêtre, tous sont, dans leurs attributions respectives, les représentans de la nation.* Remarquez ensuite que, d'après la charte, comme d'après nos anciennes constitutions, le Roi nomme ou fait nommer à tous les emplois : tous sont une émanation de l'autorité qui lui est propre. Tous ceux qui possèdent des emplois sont donc les représentans du Roi et non de la nation.

Mais pour l'ordre judiciaire, pour cette noble partie du service public, *toute justice* (dit l'article 57 de la charte), *émane du Roi. Elle s'administre en son nom par des juges qu'il nomme et qu'il institue.*

Or, vous représentez celui dont vos pouvoirs émanent ; vous représentez celui qui vous a institués, au nom duquel vous rendez la justice. Et s'il y avoit à opter entre cette représentation et un titre populaire, quel est celui de vous ou de nous qui, dans l'intérêt même du peuple, hésiteroit à repousser sa criminelle, sa dangereuse délégation ?

Résumons cette grave partie de notre discussion :

Les deux articles incriminés attaquent les droits que le Roi tient de sa naissance, parce qu'ils renferment la doctrine funeste de la souveraineté du peuple.

Cette doctrine est renfermée dans la qualification de *mandataire*, *de délégué mandataire* de la nation, donnée au Roi.

Dans le nivellement des pouvoirs du Roi avec les autres pouvoirs, sous le prétendu *mandat* de la nation.

Dans le refus de reconnaître la supériorité du Roi.

Dans la qualification de *représentans de la nation*, donnée aux délégués du Roi, *jusqu'au garde champêtre :* qualification qui déplace le pouvoir exécutif des mains du Roi, et qui dès-lors attaque formellement ses droits.

Passons au second grief.

## § II.

### *Offense envers la personne du Roi ; attaque contre la dignité royale.*

Le jugement du 14 juin ayant écarté le chef relatif à l'offense envers la personne du Roi, nous n'avons plus à nous occuper que de *l'attaque contre la dignité royale* (1).

---

(1) Voyez la plainte pages 3 et 4.

Veuillez d'abord observer, Messieurs, que ce n'est pas sur le récit du journaliste que porte la plainte; c'est la doctrine qu'elle vous défère. Le journaliste n'est point coupable pour avoir rendu compte de la conduite de la garde nationale. Il l'est pour avoir dit : *Cette conduite fut un droit, un devoir ; et la fidélité et le courage de l'armée et de tous les citoyens sauront imiter un si noble exemple.*

Cependant, pour prouver la culpabilité de la doctrine, il faut commencer par apprécier le fait auquel elle se rapporte.

Que se passa-t-il au Champ-de-Mars le 29 avril?

Le jour anniversaire de la restauration, le Roi s'était rendu au Champ-de-Mars pour y passer en revue la garde nationale de Paris. Une telle solennité ne pouvait admettre que des élans d'amour et d'alégresse unis à des témoignages d'obéissance et de respect. D'autres sentimens éclatèrent : la joie fut mêlée d'amertume; le respect d'irrévérence. — Du milieu des lignes armées sortirent de rudes accens de remontrance; et ces accens ne purent être si bien couverts par ceux d'une joie vive et pure, que les oreilles du Roi n'en fussent pas affligées.

Enfin les vœux pour la *charte*, mêlés à des cris dont il ne s'agit point au procès, prirent une manifestation telle qu'il fut impossible de ne pas y reconnaître le reproche et l'offense.

Laissons à part toute question relative aux doléances directes des sujets au Prince. Mais consultons ce sentiment des convenances si naturel aux ames françaises ; et ce sentiment répondra qu'en un lieu, en un jour, en une solennité semblables, les accens du reproche ou de la leçon furent une offense grave envers la dignité du Monarque.

Nierait-on le fait ? il est notoire. Il a été constaté et jugé par ces paroles du Roi entendues jusqu'aux extrémités de la France : *Je m'attendais à recevoir des hommages et non pas des leçons*.

Veut-on descendre de cet arrêt aux relations des feuilles périodiques ? Nous lisons dans le Journal des Débats, du 30 avril : « Là où le » Roi se montre, les peuples ne peuvent et ne » doivent voir que le Roi. Ce qui n'était qu'une » inconvenance dans les rangs de la multitude, » devenait *un tort* et *presque une sédition* dans » les lignes d'une troupe armée.... »

Remarquez, Messieurs, que nous ne cherchons point à apprécier ce qui se passa dans la revue du 29 avril, pour en tirer des conséquences relatives au licenciement de la garde nationale.

Remarquez encore qu'il ne s'agit pas davantage d'examiner s'il y eut ou non matière à crier contre le ministère ou contre les jésuites. Tous ces points sont complètement étrangers à cette discussion.

Il s'agit uniquement de reconnaître en fait si

dans la revue du 29 avril, et précisément d'après le récit du Précurseur, le cri de *vive la charte!* fut un cri de reconnaissance et d'amour, comme on l'a prétendu pour la défense de l'éditeur.

Et en droit, si le journal a pu, sans attaquer la dignité royale, préconiser le fait au point d'aller jusqu'à l'ériger en *droit*, en *devoir* et en *noble exemple*, notamment *pour l'armée*...

Or est-il besoin de s'attacher à vous convaincre que le cri de *vive la charte!* ne fut rien moins qu'un cri d'amour? Ce cri, le journaliste ne l'a-t-il pas suffisamment interprété lui-même? *La garde nationale a crié vive la charte! elle en avait le droit, elle a fait son devoir*... Quels étaient ce *droit* et ce *devoir!* Etait-ce de se répandre en remercîmens et en bénédictions à cause de la concession de la charte? Il y aurait une sorte de ridicule ou d'ironie à supposer qu'une telle version fut dans la pensée du rédacteur.

Mais suivons son superbe langage:

« Et comment, dit-il, tandis que des insensés » attaquent nos institutions les plus précieuses, » tandis que des factieux réclament à grands cris » le pouvoir absolu, on voudrait imposer si- » lence aux bons citoyens! Non, non, ne l'espé- » rez pas. Une loi et non une ordonnance; une » loi du 15 mars 1815 a confié le dépôt de la » charte constitutionnelle et de la liberté pu- » blique, à la fidélité et au courage de l'armée,

» des gardes nationales et de tous les citoyens.
» La garde nationale de Paris a prouvé qu'elle
» voulait garder ce dépôt sacré; et la fidélité
» et le courage de l'armée et de tous les citoyens
» sauront imiter un si noble exemple. »

De bonne foi, Messieurs, parviendra-t-on jamais à vous persuader qu'il y eût dans ces paroles, un seul mot annonçant qu'il ait été dans la pensée du journaliste que la garde nationale en criant *vive la charte!* avait poussé des cris d'amour et de reconnaissance? Eh quoi! des cris présentés comme purement énergiques, des *cris de citoyens alarmés à la vue du despotisme et de la violation des libertés publiques;* des cris de *gardiens de ces libertés*, proférés par eux (selon le Précurseur), au moment du danger, ne seraient que des cris de joie, des cris de respect et de gratitude! Non, messieurs, l'explication est par trop singulière. Elle sent trop la détresse du prévenu et le besoin de la défense. Quoique le cri de *vive la charte!* se retrouve seul dans le passage incriminé, il n'en est pas moins constant que ce cri se trouva mêlé, le 29 avril, à d'autres plus directs de haine et de vengeance. Le journaliste le dit deux lignes plus haut. Et quoique ces passages précédens ne soient point incriminés, il n'en est pas moins vrai que le cri de *vive la charte!* puise en grande partie son interprétation dans les autres.

Voilà le fait.

Le journaliste ne serait pas coupable, s'il se fût borné à le rétracter dans ses feuilles ; mais il l'a érigé en droit, en devoir, en noble exemple pour l'armée et pour tous les citoyens. Que leur fait-il entendre? En d'autres termes, le voici :

« Quand vous croirez que la charte sera violée,
» si vous vous trouvez en armes devant le Prince
» demandez-lui la charte à grands cris. Et qui
» sera le juge de la violation de la charte?
» nous, prédicans politiques, qui vous en ren-
» drons témoignage ; vous, en masse et selon
» vos lumières. Qui sera juge de la légalité des
» voies employées pour les modifications de la
» charte? nous, qui vous instruisons ; vous, le
» peuple en masse. C'est votre droit, c'est votre
» devoir, c'est un noble exemple d'aller faire
» éclater aux oreilles du Roi vos orageuses re-
» montrances. Vous, citoyens de toutes les
» classes (car il s'adresse à tous) ; vous, par
» conséquent, faubourg St-Antoine ; vous, nou-
» veau Santerre, si des monstres pareils pou-
» vaient se rencontrer deux fois, vous irez avec
» vos armes présenter vos pétitions au Roi. »

Où trouver, Messieurs, une doctrine plus outrageante envers la majesté royale?

Dira-t-on que nous travestissons les paroles du journaliste? Emprunter d'autres termes, ce n'est pas les travestir ; c'est les commenter, afin de vous en faire sentir les désastreuses conséquences.

Et pour terminer cette démonstration par un argument sans réplique, nous laisserons un instant les hautes régions où réside la dignité royale pour vous entretenir de la vôtre. Sans doute elle est des plus éminentes : vous en avez pour garans les profonds respects qu'elle inspire. Mais son éclat est loin de cette dignité suprême dont elle est une émanation, et à laquelle rien ne peut être comparé.

Supposons qu'un corps ait la pensée qu'un de vos arrêts lui porte préjudice sans motif légitime, et que les membres de ce corps se présentent à votre audience, porteurs de leurs armes, s'il est dans leurs attributions d'être armés ; que là par des cris, même par des vœux très-significatifs, ils prétendent vous rappeler vos devoirs. Vous verriez assurément dans cette démarche une hardiesse offensante. Et que diriez-vous d'un journaliste qui, le lendemain, déciderait d'un ton tranchant que le corps qui vous a offensé n'a fait qu'user d'un droit, remplir un devoir ; et que tous les citoyens, la gendarmerie même, spécialement destinée à seconder l'exécution de vos arrêts, sauront imiter un si noble exemple ? Malgré votre modération, Messieurs, malgré qu'il vous en coûtât de venger un outrage dirigé contre vous, vous puniriez le journaliste, vous réprimeriez son audace.

De hautes convenances arrêtent ici notre argumentation. Vous ne souffririez pas que nous vous demandions si la dignité royale doit attendre de vos arrêts, ce que vous n'hésiteriez pas à prononcer s'il s'agissait de votre dignité propre. N'est-il pas évident que la doctrine qui légitime la faute, qui l'érige en *droit*, en *devoir*, en *noble exemple*, est pire que la faute même ? Celle-ci n'est qu'un fait isolé; tandis que l'autre est la source de nouveaux faits semblables, souvent plus graves, et l'amorce qui entraîne à les commettre.

Mais, dit-on, quelle injustice ! Vous voulez punir le journaliste, tandis que le fait raconté et loué par lui, n'a donné lieu à aucune poursuite juridique....

Et qu'importe la mesure adoptée, quant à ce fait ? Ce que nous avons vu, ce qui a frappé spécialement nos regards, c'est la publication d'une doctrine qui, si elle était suivie par les sujets du Roi, conduirait au mépris de l'autorité royale; c'est un code abrégé d'indiscipline qu'on a osé colorer de l'appui d'une loi.

Et cette loi, Messieurs, quel rapport a-t-elle avec le sens qu'on lui assigne ? En 1815 l'usurpation menaçait la France, une loi fit un appel, à l'armée, à tous les citoyens, pour le maintien de la charte et de la royauté attaquées. Cet appel fut fait à la force pour agir sous la direction et le commandement de l'autorité royale, pour agir avec l'obéissance de la discipline; et l'on conclut de cette loi que tous les citoyens, que l'armée ont été investis du droit de réclamer devant le Roi, par des accens régulateurs, l'observation de la charte ! On en conclut que le législateur a commis à la garde nationale, à l'armée, à tous les citoyens, le soin de protéger contre le Roi et son gouvernement, la charte et les libertés publiques ! C'est donner une étrange interprétation à une loi qui ne fut promulguée que pour étouffer et repousser la révolte.

## § III.

### *Provocation à s'armer contre l'autorité royale et à la désobéissance aux lois.*

Avant d'aborder le grief de provocation à s'armer contre l'autorité royale, et à la désobéissance aux lois, il importe d'établir quelques principes :

On souhaite le maintien de la charte : rien de plus légitime. Mais pour être de plus en plus certain de conserver la charte, il faut commencer par exclure toute idée de violence et de révolte ; parce que la charte n'admet point la révolte parmi les voies propres à sa conservation ; parce que si l'on entre dans la violence pour conserver la charte, on ne sait où l'on ira. Le torrent populaire entraînera la charte, parce qu'il entraîne tout, et ne s'arrêtera que sous la puissance militaire, qui certes n'admet pas de charte.

De tous les moyens à employer pour conserver la charte, le moins légitime, le plus impuissant, outre qu'il est le plus dangereux, c'est donc la violence.

La charte renferme en elle-même ses ressources vitales. Deux Chambres sortent de son texte pour la garder ; l'une des deux est héréditaire. L'une et l'autre sont les seuls organes qui aient le droit d'agir directement pour le maintien des institutions que le Roi a données à ses peuples.

Libre du reste aux citoyens éclairés, aux ames généreuses de publier leurs opinions sur la marche des affaires publiques ; de s'expliquer sur les intérêts généraux, d'adresser des pétitions aux Chambres, de se faire entendre par la voie de la presse.

Quand les lois seront mauvaises, les Chambres pourront en demander d'autres. Si les Ministres font mal leur devoir, les Chambres sont investies du pouvoir de demander leur mise en accusation et de les juger.

Voilà, Messieurs, la loi de l'Etat telle qu'elle est : elle puise à sa source qui est le Roi ; elle puise en elle-même, c'est-à-dire dans les Chambres unies au Roi, ses moyens de conservation ou de modifications légales. Mais que d'inquiets dogmatiseurs ne soufflent pas la rébellion, par la manière fausse dont ils interpréteront la charte et par les provocations dont ils échaufferont leurs discours : le corps entier de nos lois s'élève contre de pareils moyens.

Retraçons maintenant les caractères constitutifs des deux genres de délits de provocation signalés par la plainte.

Il y aura, Messieurs, provocation à s'armer contre l'autorité royale, lorsque l'écrivain aura excité ses lecteurs à user de *la violence* et de *la force* pour attaquer, renverser ou forcer la marche des mandataires du Roi, des dépositaires de son autorité.

Nous verrions cette provocation dans une feuille où un journaliste dirait :

« Vos pères se soulevèrent pour reconquérir » leurs droits ; faites comme eux. Vous allez » vous soulever comme eux ; car aujourd'hui » l'on vous ravit, ou il s'agit de vous ravir vos » droits. »

Il y aura provocation à la désobéissance aux lois, lorsque par des écrits non équivoques, on excitera les citoyens à contrarier la marche des lois, à ne pas s'y soumettre, à se livrer à des actes punissables qu'on présentera comme des exemples et des règles de conduite.

Disons encore que les *circonstances accessoires*, *l'état de fermentation des esprits*, *à l'époque où les écrits* furent publiés, sont à peser dans la conscience du juge pour apprécier la provocation. *Tel écrit peut ne paraître qu'une opinion, si le calme règne, et peut être ré-*

*puté provocation si l'agitation fermente.* (Opinion de MM. de Broglie et Courvoisier, rapporteurs de la loi du 17 mai 1819.)

Pourquoi? parce que, dans cette dernière hypothèse, il y aura lieu d'admettre que l'écrivain, le journaliste, aura voulu faire servir son opinion, indifférente dans un autre temps, à irriter les passions en mouvement. Une torche ardente n'offrira nul danger agitée dans une forêt froide et humide; tandis qu'une étincelle lancée sur des combustibles desséchés par la chaleur, pourra, sur-le-champ, allumer l'incendie.

Arrivons maintenant aux articles incriminés:

1.er Grief de provocation puisé dans la feuille du 5 mai (1).

Le système du journaliste est de montrer à ses lecteurs la violation de la charte; d'enseigner que c'est au peuple, à sa volonté, à ses voies et moyens de révolution, à *s'élever* pour revendiquer *les droits sacrés et imprescriptibles....*

Mais la volonté du peuple, s'élevant comme il y a 38 ans, sera toujours une volonté punissable. La volonté du peuple, il y a 38 ans, amena la révolte, les massacres des 5 et 6 octobre. Or, tant que les Tribunaux seront sur leurs siéges, tant qu'un décret tel que celui de 1789, ne mettra pas les *Cours souveraines en vacances*

---

(1) Voyez la plainte, pag. 5.

*indéfinies ;* croit-on que les magistrats hésiteront à réprimer avec toute l'énergie de la loi, de pareils attentats s'ils venaient à se renouveler? Pourquoi donc pousser le peuple à les prendre pour exemple?

Mais, dit-on, le journaliste s'est servi d'une phrase dubitative : *On aurait à craindre de la voir s'élever telle qu'on vit il y a* 38 *ans*, *etc.....*

Et que fait cette tournure à l'effet de la phrase? quel est son but? c'est d'échauffer les esprits, de les remuer, de les exciter; cela est évident. Quel est le moyen employé? c'est le tableau des actes du gouvernement, de lois même, présentés comme violation de la charte. Que voyons-nous ensuite? la menace du peuple et de ses insurrections, pour les cas de violation de la charte. Maintenant à qui s'adresse cette menace? au public, au peuple. Or, menacer de sa *résurrection* révolutionnaire, en lui disant dans quel cas il doit l'opérer; en lui montrant que ce cas est arrivé; c'est bien clairement l'aiguillonner vers la révolte; le pousser à désobéir aux lois, dont la destination est de tenir les citoyens en état de paix et d'obéissance.

Le 2.e grief de provocation est puisé dans la feuille du 16 février (1). Le passage incriminé vient à la suite des paroles d'un Mandement de

---

(1) Voyez la plainte, pag. 6.

Mgr. l'évêque d'Orléans, rapporté par le journaliste.

Le prélat avait dit : « Le Ciel est encore irrité de nos ingratitudes nationales ; prions, » apaisons-le, il est irrité, il le fut pendant » ces jours de ténèbres où l'amour d'une fausse » liberté enivra la France lasse de son bonheur ; » où douze siècles de grandeur, de paix et de » gloire furent oubliés en un jour. » (Voilà le sens et même les expressions du Mandement.) Qu'y avait-il de blâmable dans ces paroles? Le prélat parlait du bonheur de la France pendant les siècles qui précédèrent la révolution...... Mais le bonheur des nations se mesura toujours sur les diverses séries des temps. Et certes, il y aurait ignorance et mauvaise foi à prétendre que des peuples grossiers et barbares, sortant du paganisme et de l'esclavage de Rome, pour devenir la proie de vainqueurs traînant après eux les usages des forêts, aient pu, eux et les vainqueurs, arriver (si ce n'est avec la lenteur progressive des siècles), à cette civilisation d'après laquelle on calcule le bonheur. Mais tout est relatif dans la gloire et la prospérité des nations.

Pour juger de celles de la France, dans ces temps reculés, il faut suivre la marche des mœurs, comparer ce que nous fûmes avec ce qu'étaient les états voisins. Et si l'on veut être véridique, on reconnaîtra que, pendant huit siècles au moins, il y eut presque constamment en

France, plus de prospérité pour le peuple, plus de gloire pour la nation, que dans tout le reste de l'Europe. L'on reconnaîtra surtout (et tous les cœurs français ont appris cette vérité), qu'aucun de nos voisins n'eut un plus grand nombre de bons Rois. Après cela, libre au Précurseur de charger ses colonnes des noirs tableaux qu'il puise dans les annales de notre histoire antérieures à la révolution, et qu'il retrace à la suite de l'article incriminé; libre à lui de montrer ainsi ce qu'il appelle son patriotisme. Mais qu'il n'insulte pas un ministre du Dieu de justice et de bonté, parce qu'il osa dire que la France fut lasse de son bonheur, lorsqu'elle souffrit l'échange de la couronne de Louis XVI, contre l'affreux bonnet du sans-culottisme; — qu'une fausse liberté enivra le pays, lorsque la religion de nos pères fut proscrite par une philantropie parjure et sacrilége; lorsque, sur les autels profanés du Dieu vivant, vint s'asseoir l'impudique déesse de la raison souveraine; lorsqu'au lieu d'accueillir avec reconnaissance les institutions et les réformes qu'offrait avec l'affermissement de la légitimité, ce Roi digne d'un autre temps, la stupeur nationale se laissa entraîner sous la domination de la plus tyrannique, la plus sanguinaire et la plus dégoûtante des libertés.

Et c'est à propos de ces réflexions d'un prélat, qui ne rappelle des temps d'anarchie qu'afin de tourner les cœurs vers l'amour de l'ordre et de la paix ; que le journaliste fait surgir, non point le tableau des fureurs révolutionnaires, mais un bouillant éloge de la révolution. Il la présente comme un *droit imprescriptible*, *précieux*, *sacré pour l'espèce humaine*. Il demande à ses lecteurs *si une voix intérieure ne leur crie pas que la raison souveraine leur a été donnée pour en faire usage ; que leur destinée est d'être libres;* que sur ce point *le cri de la conscience est la voix de Dieu.* Qu'il n'est pas possible que *la mission des uns soit de commander*, *et le sort des autres*, *d'obéir en aveugles.* Mais en vérité, dans quel but adresse-t-il cette brûlante saillie au public ? A qui en veut-il ? Où veut-il en venir ? Quel rapport existe-t-il entre le régime des Chambres constitutionnelles essentiellement liées au gouvernement de la France, et l'état des choses en 1789 ? Pourquoi assimiler deux époques si disparates ?

Pourquoi ? Eh ! Messieurs, le but est évident : pour en venir aux mêmes résultats ; afin de pousser la raison souveraine à s'émanciper à la manière de 1789; afin d'exalter, d'électriser cette infaillible et despotique raison ; de l'exciter, de la provoquer à braver la couronne ; à lutter contre ses souveraines attributions ; à qualifier le Roi de mandataire ; à s'élever contre ses volontés, comme la conscience et la voix de Dieu luttent et s'élèvent contre les actions qu'elles réprouvent.

Le 3.e grief de provocation est puisé dans la feuille du 9 février (1).

Vous remarquez sans doute ici, Messieurs, le manége employé pour chatouiller l'opinion, pour l'exalter peu à peu, et la monter à ce degré *de force expansive* qui ne *patiente et ne pactise plus.*

C'est un prétendu correspondant qui félicite le journaliste de la justesse des noirs tableaux qu'il offre tous les jours à ses lecteurs sur la marche du gouvernement. Ensuite le correspondant le blâme de ce qu'il paraît désespérer du triomphe de la liberté. Mais non, ajoute-t-il, à cause même des attentats dont elle a été l'objet, elle s'est plus profondément enracinée; et c'est après cela que, partant de l'adage que l'opinion maîtrise tôt ou tard la marche des gouvernemens, il commente cet adage, se plaint de ce qu'il ne résoudrait la question qu'*en faveur de nos arrière-petits-neveux.* C'est pourquoi l'expliquant selon sa vive impatience, il est d'avis, il s'efforce de démontrer que les attentats signalés chaque jour ont dû, par la nature des choses, donner à l'opinion cette *force souveraine, cette vivacité ferme et inébranlable* qui *ne pactise plus, et à laquelle les gouvernemens sont obligés de céder, sans conserver l'alternative du tôt ou tard. . . .*

---

(1) Voyez la plainte, pag. 7.

Ce texte nous semble assez significatif.

Le tôt ou tard n'est pas ce qui convient au correspondant ; ce serait ( aux yeux du journaliste ) une voie naturelle, lente, l'effet du temps, la marche de la raison pure et simple. Il est pressé de jouir, d'employer des mesures pour que l'on marche autrement. Il lui faut du *tôt* et non pas du *tard*. L'opinion est montée. Le gouvernement ne *peut plus pactiser avec elle*. Elle a *cette force souveraine*, *cette vivacité ferme et inébranlable à laquelle les gouvernemens sont obligés de céder* sur-le-champ, *sans conserver l'alternative du tôt ou du tard*.

Poursuivons et voyons la réponse du journaliste à son correspondant : « Oui, dit-il, nous accueillons avec empressement et reconnaissance vos réflexions ; on est épouvanté, parce qu'on se voit obligé d'attendre tout du temps ou de la VIOLENCE, et l'alternative est cruelle. — Pour nous qui ne pouvons nous défendre de sinistres présages, nous craignons qu'on ne se confie pas toujours à ce qu'on appelle la force des choses. Pour s'y confier, il faut de la patience, et Dieu seul est patient, parce qu'il est éternel. . . . . »

Or, Messieurs, c'est bien dire au prétendu correspondant : *Vous voulez du* TÔT *et non pas du* TARD ; *vous pensez que la vivacité des ressentimens est telle, qu'elle doit l'emporter sur-le-*

*champ. Nous sommes de votre avis. — Il est certain qu'on ne peut plus patienter ; on est épouvanté quand on voit qu'il faut que ce soit la* VIOLENCE *qui fasse accorder ce qu'on veut obtenir.*

Voilà la pensée fidèle du journaliste. Les mots d'impatience et de *VIOLENCE* couronnent sa provocation. . . . . . . Maintenant lui tiendrez-vous compte de son *épouvante ?* Peut-on y croire ? S'explique-t-il de manière à la faire partager à ses lecteurs ? Ce mot d'*épouvante* n'est-il pas un levier de plus qu'il emploie pour soulever leurs ames ?

Ah ! si les terreurs du Précurseur fussent parties d'une ame sincèrement affligée de l'effervescence qu'il croyait apercevoir, il les aurait autrement exprimées. A côté d'elles, il n'eût pas présenté sa haute opinion pour la *force souveraine ;* à côté d'elles, il n'eût pas rembruni le tableau du prétendu joug qu'il s'imagine qu'on cherche à imposer à la France. — Pour faire croire à l'épouvante, il aurait fallu montrer la timidité de la prudence, et tout son langage a l'énergie qui enflamme la sédition.

Trois jours après paraît une feuille nouvelle. ( 12 février ) (1).

Le journaliste y retrace de vieux temps, d'anciens préjugés ; puis, à l'occasion du projet de loi sur la presse, il dit ( 4.^e grief de provoca-

---

(1) Voyez la plainte, pag. 8.

tion ) : « Oui, il y a erreur et ignorance à pré-
» tendre aujourd'hui établir un despotisme du-
» rable. On peut l'imposer pour un temps ; mais
» il faut qu'il cède bientôt à l'action permanente
» de la pensée, à cette force expansive supé-
» rieure à toutes les forces. Il faut que l'obstacle
» qu'on lui oppose lui cède sans trop de retard,
» ou bien il y a-*EXPLOSION*, et la force compri-
» mante est détruite. »

Ainsi, c'est toujours le même système. L'annonce que le despotisme prend la place de nos institutions, mais aussi que la force de la pensée est là, qu'il faut qu'on lui cède, qu'on lui cède non pas tôt ou tard, mais sans trop de retard, sinon *explosion ;* explosion qui détruira la force comprimante ; — *explosion* qui sera par conséquent la violence et l'insurrection.

Le 5.[e] grief est puisé dans la feuille du 25 du même mois (1).

Il y montre 25 millions de cœurs français palpitans à ce point, que ni *peste*, ni *incendie*, ni *persécutions*, ni *massacres*, ne pourront empêcher qu'un brûlant patriotisme ne ramène le pouvoir dans les limites légales. Semblable à ces devins qui, sous le prétexte de prévoir ou de prévenir des malheurs, n'apprennent qu'à préparer des crimes, il rappelle qu'un jeune historien a dit, que *le bien s'opère comme le mal, par*

(1) Voyez la plainte, pag. 9.

*la violence de l'usurpation*, *et qu'il n'y a pas d'autre souverain que la* FORCE. Selon lui, l'historien a fait connaître le passé, le présent, et l'avenir imminent, *quæ mox ventura trahantur.* Ainsi *la force*, *la violence de l'usurpation*, sont les moyens que 25 millions de Français, *brûlans de patriotisme*, sont sur le point d'employer contre le pouvoir.

Et le *mox ventura* est imprimé en caractères spéciaux, afin que le lecteur ne s'y méprenne point.

Il dirige contre le conseil du Roi ce brûlant patriotisme menaçant de la violence et de la force ; et il annonce la chute du ministère, *SOIT QU'UNE MAIN L'ENLÈVE DE SA TIGE*, *soit qu'il s'en* détache *de lui-même.*

Dans quel discours inséra-t-on jamais mieux la provocation à user de force et de violence contre l'autorité ? Quoi de mieux caractérisé, quoi de plus propre à remuer des mécontens, que ce tableau de 25 *millions de cœurs brûlans de patriotisme*, *prêts à employer la violence et la force ; que la peste*, *l'Incendie*, *les persécutions*, *les massacres ne seraient pas capables d'arrêter !*

Il ne s'agit pas de discuter les griefs du Précurseur contre le ministère : le procès n'est point là. Mais en vérité, Messieurs, vous Magistrats calmes et impassibles ; vous que l'esprit de parti ne saurait aveugler; vous, aux pieds de qui les factions sont obligées de courber la tête et d'attendre humblement le jugement de leurs écarts, comment ne verriez-vous pas le langage de la provocation séditieuse dans cette bouillante sortie de la feuille du 25 février?

Et considérez, Messieurs, l'époque à laquelle ces articles des 9, 12, 16, 25 et 28 février, furent lancés dans le public. Le projet de la loi sur la presse était en discussion à la Chambre des Députés. La vive opposition qui se manifestait à la tribune excitait la fermentation dans les esprits. Nous n'avons à juger ici ni la loi projetée, ni l'opposition. Mais nous devons vous rappeler cette sourde agitation qui affligeait alors les amis de l'ordre, et excitait toute la vigilance de l'autorité. Le moment était difficile. Les citoyens affamés de journaux, y cherchaient, tous les matins, des alimens à leurs prévisions, ou des points de sécurité contre leurs inquiétudes.

Le ministère (dit-on), fut la seule cause de ces inquiétudes. . . .

Et quand cela serait; convenait-il de chercher à les enflammer, en présentant les brandons de la *force* et de la *violence !* Qu'on nous réponde, et qu'on nous dise dans ce sanctuaire de paix, si la force et la violence sont des moyens légitimes !

Et non-seulement dans les feuilles que nous vous avons déjà signalées, le Précurseur indiquait la *force* et la *violence* comme moyens propres à contraindre la marche du pouvoir, mais toujours à la même époque, c'est-à-dire le 6 février il affectait de présenter aux Lyonnais un exemple de sédition à main armée contre l'autorité royale ( 6.e grief de provocation ); et quel exemple! Vous allez en juger, Messieurs (1).

Selon le journaliste ce fut une citadelle construite sous Charles IX, que les Lyonnais, conduits par leurs échevins et par le gouverneur *Mandelot*, enlevèrent et démolirent en 1585. — *Et le Roi* (Henri III) *approuva ensuite cette mesure extraordinaire.*

En lisant ce récit du journaliste chacun de vous croira sans doute que ce fut la masse des habitans qui, conduits par les échevins et Mandelot, gouverneur de la province, allèrent s'emparer de la citadelle. Vous croirez sans doute aussi que Mandelot et les échevins agirent par l'impulsion des habitans; vous croirez que Mandelot agit comme partisan des libertés et franchises lyonnaises; vous croirez enfin, puisque le journaliste l'affirme, que la révolte fut complète, qu'elle fut achevée par la démolition de la citadelle, et que ce ne fut qu'après cette démolition que le Roi approuva cette *mesure extraordinaire....*

---

(1) Voyez la plainte, pag. 10.

Eh bien ! Messieurs, il n'est dans ces assertions rien que de faux.

Trois historiens ont rendu compte de cet évènement.

*Rubys*, — *l'abbé Poulain de Lamina*, — *l'abbé Gaudin*, n'y montrent qu'une intrigue au profit des ligueurs, ourdie par eux, qui s'opéra sourdement, par corruption, par ruse, par l'effet d'un coup de main ; lequel ne fut point l'œuvre de la population lyonnaise.

Voici ce qu'en dit l'abbé Gaudin ( Journal de Lyon 1787, pag. 344 ), conforme aux deux autres historiens que nous avons nommés. ( M. l'Avocat général donne lecture de ce passage ) (1).

---

(1) Voici le passage extrait littéralement du Journal de Lyon, année 1787, pag. 344.

« Mandelot, gouverneur de Lyon, était d'un caractère plus modéré ; mais il était aisé de voir qu'il penchait secrètement pour le même parti dont il se détacha cependant dans la suite, quand il en connut mieux les funestes desseins. La démolition de la citadelle, qu'il surprit le 2 mai, découvrit clairement ses premières dispositions. On a vu que cette forteresse avait été bâtie par Charles IX : elle formait un gouvernement à part, qui, n'étant point subordonné au gouverneur de la ville, restreignait beaucoup son autorité. Il était difficile, par cette raison, que ces deux chefs fussent long-temps d'accord. Mais dans des temps de trouble, comme ceux dont je parle, c'était peut-être un avantage pour la puissance royale qui pouvait au moins compter sur la fidélité de l'un, si l'autre venait à la trahir.

» Le duc d'Epernon ayant fait donner le gouvernement

Ainsi le gouverneur Mandelot n'agit que dans son intérêt particulier et par esprit de rivalité.

Ce ne furent point ( comme le dit le journaliste ), les habitans de Lyon, *toujours indo-*

---

de la citadelle à Poisieux du Passage, une de ses créatures; Mandelot qui vit bien que ce choix n'avait pour but que d'affaiblir son autorité, forma le projet de s'emparer par adresse de la citadelle, et de détruire ce gouvernement. Rubys dit que les échevins se concertèrent avec lui. On leva secrètement trois compagnies commandées par les sieurs Grolier du Soleil, Masso et la Grange, et on corrompit à force d'argent le major général de la place, qui promit d'en livrer les portes. Tout étant ainsi disposé, Mandelot attira, sous quelque prétexte, du Passage dans l'intérieur de la ville; cependant les troupes filèrent secrètement le long de la citadelle, et le sergent exécuta tout ce qu'il avait promis. Comme la garnison était peu nombreuse, elle ne tenta pas même de faire résistance, et il n'y eut point de sang répandu. Les capitaines de la ville prirent possession de la place au nom de Mandelot. On en retira tout ce qui appartenait à l'ancien gouverneur, et M.^me^ du Passage fut conduite avec honneur à l'abbaye de St. Pierre qu'elle-même avait choisie pour sa demeure. On instruisit ensuite le Roi de tout ce qui s'était passé. Cet évènement ne lui causa pas moins de chagrin que de surprise; mais son caractère était si faible, ou il comptait si peu sur ses forces, qu'il n'osa pas même désapprouver ouvertement cet attentat contre son autorité. Grolier de Servière, premier échevin, qui se trouvait alors à Paris, obtint facilement la permission de démolir la citadelle, à condition que le consulat paierait au Roi une somme de 40,000 écus d'or, et qu'il acquitterait dans la suite environ 3,000 liv.

*elles au joug et jaloux à l'excès de leurs droits*, qui enlevèrent la citadelle, mais bien *trois* compagnies levées *secretement :* tout fut *sourdement* tramé.

Après cette prise clandestine de la citadelle, la population travailla à la démolir. Mais ce ne fut point par rébellion contre l'autorité, avant que le Roi eût ordonné la démolition ; ce fut, au contraire, après que le Roi l'eut ordonnée, en obéissant au Roi, et non en se montrant rebelle à ses volontés.

Croyez donc, lecteurs bénévoles, à l'exactitude des feuilles qui cherchent à irriter vos passions. Fiez-vous à ces récits d'un journaliste, et livrez-vous, sur la foi de sa plume, aux élans de patriotisme et de force souveraine que de pareils tableaux de vos annales sont de nature à vous inspirer.

---

de rente dont le Roi était redevable aux anciens propriétaires du terrein sur lequel elle avait été bâtie. Cet avantage, celui d'être délivré des frais d'une garnison qui était toute à sa charge, parurent compenser, aux yeux d'un prince faible et prodigue, le danger de perdre une des principales villes de son royaume ; car, cette barrière ôtée, il ne conserva presque plus d'autorité à Lyon.

» La permission de démolir la citadelle étant arrivée, le gouverneur et les citoyens y firent travailler avec tant d'activité, que bientôt il n'en subsista plus de traces, et peu d'années après le Roi en accorda le terrein pour y construire l'église et le couvent des Chartreux. »

Et vous, Messieurs, que penserez-vous d'un écrivain qui forge ainsi des exemples de révolte, non pour piquer la curiosité de ses lecteurs; mais dans la vue trop évidente d'attiser le feu dont il supposait l'étincelle dans leurs ames? Et il cherchait du moins si bien à l'y faire naître, que dans sa feuille du 28 février, il disait : (7.e grief de provocation.)

*Le Lyonnais est de sa nature inoffensif et confiant; mais agacez-le, tourmentez-le un peu, essayez de lui ravir sa liberté, et vous l'allez voir braver les tyrans, affronter les périls, supporter les douleurs avec constance et mourir en héros....*

Cette fois il rappelle, il invoque le monument funèbre des Broteaux.

Ah! si les illustres victimes dont ce monument renferme les cendres pouvaient se ranimer, ne reculeraient-elles pas d'étonnement et d'effroi en entendant qu'on évoque leurs ombres lorsqu'il s'agit de fomenter des haines et de provoquer de nouvelles ruines? « Quel est donc, diraient-elles, cet esprit de » vertige? n'est-ce pas assez qu'une fois la sou- » veraineté du peuple et son affreux mandat, » aient fait tomber vos murs et massacré vos » pères? Que faut-il à vos vœux? la force? la » violence? Fermez l'oreille à ces funestes provo- » cations : elles sont sacriléges. Tremblez plutôt » que le trône ne soit ébranlé. Songez que nous » fûmes écrasés sous ses débris; et qu'en mou-

» rant, nous vous léguâmes des vœux de paix, » et notre horreur pour l'anarchie...... »

Croirez-vous maintenant, Messieurs, que la plainte ne soit qu'*une triste inspiration d'un pouvoir secret qui marche à la destruction des libertés publiques ?*

Laissons ce que ce reproche a d'offensant pour notre ministère : il ne s'agit pas de nous venger. L'ordre public avant tout : telle fut, telle sera toujours notre devise. Mais de pouvoir secret, il n'en est qu'un sur nous ; c'est celui de notre ame, celui de notre conviction profonde. Tant pis pour ceux qui s'enchaînent au mystère quand il s'agit de remplir leur devoir; tant pis pour ceux aussi qui défendent leurs fautes, en recourant à l'injure et à de non moins tristes ressources contre des Magistrats intègres.

Le délit est *écrit*, Messieurs, jugez-le : il nous a trop émus pour qu'il n'y en ait pas trace dans ces feuilles. Le délit est *public*. — Y a-t-il quelque pouvoir secret qui l'ait tramé dans l'ombre ? En tout cas ce n'est pas celui qui nous dirige.

La presse est muselée, dit-on, vous pardonnerez au coupable. Non, Messieurs, vous n'usurperez pas cette attribution. La presse périodique a failli : la justice doit la punir. Elle redeviendra libre ; il importe de lui tracer sa ligne constitutionnelle ; et il est difficile que la censure ait, dans ses leçons (quelle que soit la sagesse qu'on veuille leur imprimer), la puissance et la dignité de vos arrêts.

Espérons, pour l'avenir, que ces publicistes dont on vous a montré la jeunesse et rappelé le talent (talent que nous sommes loin de leur contester), réfléchiront sur les dangers de leurs maximes ; et qu'en hommes loyaux et généreux ils sauront les réformer. S'ils y persistent, si la charte sans souveraineté du peuple, sans mandat du peuple à ses Rois, sans remontrances armées, sans provocations séditieuses, les fatigue et ne peut suffire à leur bonheur politique, nous ne leur dirons pas comme Platon disait aux Athéniens qui s'indignaient du joug des lois : *Les portes d'Athènes vous sont ouvertes* : cet ostracisme n'est pas dans les mœurs de la charte.

Mais la vigilance de notre ministère les avertira constamment de prendre garde que leurs presses n'obéissent au plus déplorable des pouvoirs secrets : celui qui tiendrait des hommes de cœur et de talent enchaînés à des opinions qu'il ne leur serait permis d'avouer ni devant les lois, ni devant le prince.



---

A LYON, DE L'IMPRIMERIE DE M. P. RUSAND,
IMPRIMEUR DU ROI.

www.ingramcontent.com/pod-product-compliance
Lightning Source LLC
LaVergne TN
LVHW010045230826
846091LV00005B/1877

*9782013446679*